# 中国石油海外油气业务安全管理实践

《中国石油海外油气业务安全管理实践》编写组　编著

石油工業出版社

**内容提要**

本书以海外油气业务安全管理为主线，结合中国石油近20年“走出去”的实践，详细介绍了中国石油海外油气业务安全管理、绿色油田建设实践、国际安全形势和应对措施、突发事件应急案例四方面内容。

本书适用于中国石油海外员工阅读使用。

**图书在版编目（CIP）数据**

中国石油海外油气业务安全管理实践 /《中国石油海外油气业务安全管理实践》编写组编著 .— 北京：石油工业出版社，2020.1

ISBN 978-7-5183-3776-7

Ⅰ . ①中… Ⅱ . ①中… Ⅲ . ①石油企业 – 海外企业 – 工业企业管理 – 安全管理 – 中国 Ⅳ . ① F426.22

中国版本图书馆 CIP 数据核字（2019）第 280621 号

出版发行：石油工业出版社

（北京安定门外安华里 2 区 1 号　100011）

网　址：www.petropub.com

编辑部：（010）64523550　　图书营销中心：（010）64523633

经　　销：内部发行

印　　刷：北京晨旭印刷厂

2020 年 1 月第 1 版　2020 年 1 月第 1 次印刷

710 × 1000 毫米　开本：1/16　印张：17.25

字数：245 千字

定价：86.00 元

## 《中国石油海外油气业务安全管理实践》编委会



## 《中国石油海外油气业务安全管理实践》编写组

主　　编：阎世和

副 主 编：钱凤章　彭继轩

编写成员：孙洪坤　贺红旭　张国彬　赵志刚　管　硕
冀亚锋　李金海　汪华成　贺晓珍　任硕仪
田慧颖　李笑笑　李洪忠　王红涛　雷惠博
安　昊　崔少朴　邱智辉　晁　阳　李成儒
王　劲　尹泽红　王劲松　陈　默

# 序

FOREWORD

近几年，中国石油海外油气业务安全管理从健全机构入手，进一步落实责任、完善制度、培训员工，以安全风险全过程动态管理为核心，切实增强各项防护措施，狠抓应急预案修订和完善，着力建设安全管理体系，实现了向系统化、规范化管理的质的飞跃，有效应对了高风险国家复杂严峻的社会安全局势挑战，国际业务安全业绩持续改进，员工队伍稳定，对保障中国石油海外油气业务规模有效可持续发展发挥了重要作用。

古人云：君子不立于危墙之下。但中国石油肩负着保证国家能源安全的伟大使命，不得不置身于危情环伺的国际舞台，不得不面对种种风险，对此必须有清醒的认识。未来一个时期依然是中国石油建设世界一流综合性国际能源公司、实现海外业务规模有效可持续发展的重要战略机遇期，但国际业务面临的社会安全形势依然十分严峻，风险因素依然很高。按照中华人民共和国外交部和国际专业安保机构风险评定标准，目前中国石油海外项目所在的 50 多个国家中，有 35 个国家的风险级别为高及以上。政局动荡、民族主义势力抬头、治安恶化、恐怖袭击、反政府武装与政府军摩擦交火、社区和部落武装袭扰等多种社会安全风险长期存在。而在这些国家，中国石油油气作业产量和中方员工数量均超越了海外产量和海外人员的 2/3。因此，要充分认识形势的复杂性、长期性和严峻性，并积极有效应对，不能有丝毫放松。要本着对国家、对中国石油、对海外员工和家属高度负责的精神，始终把海外业务安全放在首要位置，坚决做好海外项目安全管理工作。

未雨绸缪，防患未然。在今后一个相当长的时期内，一方面必须突出抓好重点地区因政治、宗教、社会动荡而存在或潜在的恐怖事件的识别、研判和预警；另一方面，要切实提高防恐怖袭击、防抢劫、防突发事件的能力，努力减少此类事件对员工人身和项目生产可能造成的伤害和影响。海外业务各级管理人员必须站在中国石油落实科学发展观，实现安全发展、创造和谐的战略高度，坚持以人为本、绿色发展的发展理念，以保证海外员工生命安全为出发点，全面实施社会安全和 HSE 管理体系，全面实行安全绩效正面激励和过程管理，全面提高突发事件处置能力。

海外单位和员工务必加强安全管理知识的学习，研究掌握各类突发事件的成因和规律，了解项目所在国风俗习惯、社会禁忌及安全生产和清洁生产法律法规，增强员工安全环保意识，强化安全环保措施，努力提高应对突发事件的处置能力和技能，增强安全风险消减、规避的主动性。同时，坚守事前三思和遇事冷静的良好习惯，时刻留意身边环境，保持低调，减少单独在外暴露时间，避免引起他人不必要的注意。

本书的出版，是中国石油奉送给广大海外员工的一份厚礼，是中国石油国际业务深入贯彻“员工生命高于一切”和“以人为本”理念的具体体现。本书不但介绍了中国石油社会安全管理体系，还重点介绍了中国石油近年来在海外的安全实践，为从事海外业务的广大员工和各级管理人员呈现了丰富的资料。愿本书成为大家的良师益友，给大家带来帮助，为中国石油海外业务又好又快发展提供有力保障。

# 前言

PREFACE

在党中央、国务院“利用两种资源、两个市场”和“走出去”方针政策的指引下，从1993年中国石油最早的海外油气开发项目——秘鲁塔拉拉油田6/7区项目开始，一批又一批中国石油员工，发扬大庆精神、铁人精神和石油工业优良传统，开拓进取、艰苦创业，使海外油气合作、工程技术服务、物资装备出口和原油贸易业务，从无到有、由小变大，创出了中国石油品牌，树立了中国企业形象，取得了良好的社会效益和经济效益。

随着中国石油“走出去”战略的实施，中国石油人已经踏遍世界五大洲。目前，中国石油五大海外油气合作区，包括中亚—俄罗斯、非洲、中东、美洲、亚太初步建成；四大油气战略通道建设，包括西北、东北、西南和海上引进境外资源的通道加速进行；亚洲、欧洲和美洲三大油气运营中心已初具规模。中国石油油气投资业务与工程技术等服务保障业务一体化协调发展的格局已经形成。

2008年，中国石油明确提出，用两年时间逐步建立具有中国石油特色的海外社会安全管理体系的工作目标，并确定“员工的生命高于一切”和“以人为本”作为安全管理的根本出发点。

2008年至2009年，中国石油组织对荷兰皇家壳牌集团（以下简称壳牌）、英国石油公司等国际石油公司及其他国内外安保咨询机构的安保管理进行了调研，在此基础上确定了“基于风险、预防为主、提前计划、全员参与、过程管理、持续改进”的体系建设工作思路，初步确定了社会安全管理体系的结构和框架。

2010 年组织内外部专家共同开展并完成了中国石油国际业务社会安全管理体系文件开发工作。其中，《国际业务社会安全管理体系管理手册》历经 12 次修改完善，于 2010 年 4 月通过中华人民共和国外交部、国家反恐怖工作领导小组、中华人民共和国国家安全部、中华人民共和国商务部和国务院国有资产监督管理委员会等单位知名专家的联合评审。

2010 年 7 月，中国石油《国际业务社会安全管理体系管理手册》正式发布。此举标志着中国石油社会安全管理体系建设由此跨上了新台阶。管理手册的出台，不仅对全面提升国际业务社会安全管理水平具有指导作用，而且对国内其他企业的海外项目社会安全管理具有借鉴意义。中国石油在国内率先展开国际业务社会安全管理体系研究，走在了我国企业海外发展的前列。在发布会上，时任中国石油天然气集团公司副总经理汪东进语重心长地强调："各级领导干部务必高度重视，本着对党和国家、集团公司、海外员工和家属高度负责的责任感和使命感，切实把这项工作摆在重要的议事日程上。"

《国际业务社会安全管理体系管理手册》发布了中国石油声明：中国石油始终遵循"员工生命高于一切"和"以人为本"的社会安全管理理念。为了尽可能降低中国石油国际业务所面临的社会安全风险，在中国石油所发布的社会安全管理体系中，规定了社会安全政策及行为准则，所有员工和承包商都应遵照执行。各级管理人员应做出表率，积极参与各项社会安全管理活动，努力培育企业安全文化，形成统一的价值观和理念。中国石油承诺做到以下几点：一是遵守所在国和地区的法律法规、中国政府加入的国际公约及相关的国际标准和惯例。二是尊重当地宗教、文化和习俗，与当地政府和社区保持良好沟通。三是将社会安全管理作为企业管理的重要组成部分。四是定期评估社会安全风险并配置足够的资源，确保社会安全管理有效实施。五是参加必要的培训，提高自身社会安全管理实践能力。六是定期开展社会安全管理体系审核或专项检查活动。七是定期召开社会安全管理评审会议，建立激励机制。

2010 年底开始，中国石油选取国际勘探开发有限公司、东方地球物理勘探公司和长城钻探工程公司 3 家企业先行试点推广社会安全管理体系。一是组织开发实施操作层程序文件。二是根据管理体系实施推进方案，制作主要培训课件，开展体系宣贯，落实资源，明确责任和标准。三是充分利用国内外社会安全专家资源、内部专职人员的技术支持和内外部机构的资源或政策支持，做好试点和宣贯的过程控制，通过监测与评审，持续改进。

为了提高员工在非工作时间的安全防范意识和能力，预防和减少工作外伤害事件，2011 年底，中国石油发布《海外员工工作外安全管理规定》。

2012 年至 2019 年，中国石油培训了 300 多名社会安全管理体系咨询师、培训师和审核师，为全面深化推广实施体系奠定了坚实基础。

2017 年底，中国石油发布国家和地区社会安全风险评估管理办法。

2019 年 9 月，中国石油组织对《海外环境管理规范》进行了更新完善，并发布实施。

海外安全形势日趋严峻和复杂，中国石油社会安全管理体系宣贯推广实施已经启航，操作层程序文件开发实施如火如荼，社会安全管理逐步走向了规范化、科学化和国际化的道路，为国际业务规模、有效、可持续发展构筑更加稳固可靠的海外安全防线。

本书是一本面向“走出去”或即将“走出去”的企业和员工的实用书籍。在本书中，读者将看到中国石油近 20 年海外业务安全管理的典型做法和经验。本书编写出版前，编者曾多次在中央企业和中国石油内部讲授海外业务安全管理课程，授课期间部分学员提出不少问题，本书都一一给出了回答。希望本书能够帮助即将“走出去”的企业和员工打开进入海外业务环境的大门，同时也能够指导已经“走出去”的企业和员工进一步提升安全管理绩效，保障海外业务可持续发展。

本书以海外油气业务安全管理为主线，结合中国石油近 20 年“走出去”

的实践，详尽介绍了海外社会安全形势与应对，以及中国石油安全管理方法和实践。全书共有 4 篇 18 章。

参加本书编写的人员有：中国石油天然气集团有限公司国际部钱凤章、贺红旭、李金海、安昊、晁阳、李成儒等，中国石油国际勘探开发有限公司阎世和、彭继轩、孙洪坤、张国彬、管硕、冀亚锋、李洪忠、雷惠博、汪华成、贺晓珍、赵志刚、任硕仪、田慧颖、王劲等，中国石油社会安全管理体系推进办公室邱智辉等，安全环保技术研究院李笑笑、崔少朴等，中海安（北京）咨询有限公司王劲松、陈默等。

在本书编写和审定过程中，得到了中国石油海外防恐安全办公室主任、国际部副总经理张军，中国石油国际勘探开发有限公司副总经理、安全总监陈曙东的悉心指点。同时，还得到中国石油国际勘探开发有限公司生产运行部和办公室、中国石油东方地球物理勘探公司、长城钻探工程公司和安全环保技术研究院领导和同仁的大力支持，在此一并表示感谢！

2019 年 10 月

# 目录 CONTENTS

# 第一篇 中国石油海外油气业务安全管理

# 第一章　政策和目标

## 第一节　政　　策

### 一、中国石油海外油气业务健康、安全和环境政策

中国石油海外油气业务健康、安全和环境政策如下：

（1）遵守所在国家和地区的法律法规，尊重当地的风俗习惯。

（2）本着“双赢”的原则与资源国进行合作，为资源国的经济发展和人民生活的改善做出贡献。

（3）以人为本，预防为主，努力实现“零事故、零伤害、零污染”目标。

（4）保护环境，节约资源，推行清洁生产，致力于可持续发展。

（5）优化配置 HSE 资源，持续改进 HSE 管理。

（6）各级最高管理者是 HSE 的第一责任人，HSE 表现和绩效是奖惩、聘用人员及雇用承包商的重要依据。

（7）持续开展 HSE 培训，培育和维护企业 HSE 文化。

（8）向社会坦诚地公开我们的 HSE 表现和业绩。

### 二、中国石油海外油气业务社会安全政策

中国石油海外油气业务社会安全政策如下：

（1）牢固树立“员工生命高于一切”的理念，切实保障境外员工在社会安全方面的各项权利，为员工创造安全稳定的生产生活环境。

（2）遵守所在国 / 地区法律法规，尊重当地宗教、文化和习俗。

（3）将社会安全管理作为企业管理重要组成部分，提供足够的资源以确保社会安全管理的有效性。

（4）对所有员工与承（分）包商进行培训，明确社会安全管理责任，提高社会安全管理能力和意识。

（5）定期评估社会安全风险，落实各项风险处置方案。

（6）定期开展社会安全审核和专项检查活动，落实纠正措施。

（7）制订应急预案和现场处置方案，并开展演练，将事故损失降至最低。

（8）遵守有关保安和武力使用原则，不滥用武力。

（9）所有社会安全事件均应进行报告、调查和记录。

## 第二节 目 标

中国石油海外油气业务安全目标：努力追求零伤害、零事故、零污染。

实现“五个杜绝”，即，杜绝因社会安全管理原因造成中方员工被绑架或致死事件；实现废水、废气全面达标排放，固体废物全面依法合规处置，环保合规管理，杜绝较大及以上环保事件；杜绝较大及以上生产安全事故、交通事故和火灾爆炸事故；杜绝井喷失控事故；杜绝群体性职业病、恶性传染病亡人事故和由心理问题引发意外伤害事件。

# 第二章　风 险 管 理

## 第一节　风险管理流程

风险管理的流程包括：

（1）界定范围。

（2）风险识别、分析与评价。

（3）风险处置。

（4）监测与评审。

（5）沟通与协商。

风险管理流程如图 1–2–1 所示。

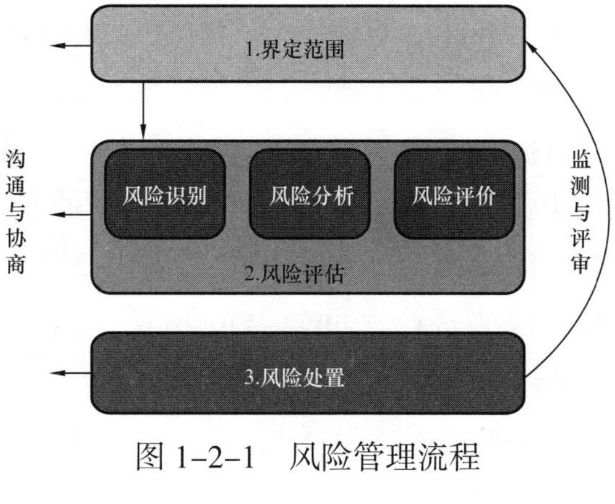


图 1–2–1　风险管理流程

## 第二节　界 定 范 围

评估项目，首先应界定范围，确定对哪些事情进行风险评估。通过界定范围，企业可以将内外部环境因素考虑到风险管理之中，有助于确定风险管理范围和风险准则。中国石油海外项目广泛、持续不断地收集与本项目社会安全风险管理相关的内部、外部环境初始信息，并把收集初始信息的职责分工落实到各有关职能部门和业务单位。界定范围涉及以下几个方面。

（1）战略范围：明确利益相关方。

（2）企业范围：明确企业的方针政策和目标。

（3）风险管理范围：明确风险管理流程的范围和界限。其中包括：

① 明确针对的施工项目或作业活动，制订管理目标。

② 明确项目的时间和地点。

③ 明确需要进行的调查研究及其范围、目标和必要资源。

④ 明确风险管理活动的范围、深度和广度，如：

- 明确进行风险评估的业务区域、业务职能部门或资产。
- 信息来源包括企业内部报告、以往风险评估结果或情报。
- 流程定义包括职责归属和资源分配。
- 现有社会安全和应急管理体系和程序。
- 曾经发生的危机事件、职业安全或社会安全事件历史记录。

（4）风险准则：明确风险评估的标准，该标准应反映中国石油的企业价值观和管理目标，并与其社会安全政策保持一致。

社会安全风险评估首先要识别所有需要保护的资产，包括企业的人员、设施、工艺、信息和声誉等，可参考表 1-2-1。

风险评估应揭示这些资产之间复杂的相互作用，对资产的风险分析不是孤立的。

资产及资产之间的相互作用是构成业务连续性的基本要素，维持业务的连续性也应视为保护的目的之一。

通常将人员、关键生产设备、重要基础设施及配套设备、供应链和关键数据等认定为重要资产。树立以人为本的核心价值观，人是最重要的资产。

表 1-2-1　资产举例

| 资产 | 类型描述 | 潜在的威胁 |
| --- | --- | --- |
| 人员 | 员工；<br>承包商；<br>供应商；<br>利益相关方，如：社区 | 暴力犯罪；<br>绑架；<br>恐怖主义；<br>敲诈、勒索；<br>腐败 |
| 设施 | 建筑物；<br>库房；<br>车 / 船；<br>项目设备；<br>IT 设备 | 爆炸；<br>纵火；<br>破坏；<br>偷盗 |
| 工艺 | 供应链；<br>工艺流程，如数据记录；<br>相关活动；<br>IT 系统 / 通信等 | 欺诈；<br>罢工；<br>供应链断裂导致项目延迟；<br>相关活动中断导致项目延迟；<br>泄漏 |
| 信息 | 商业信息；<br>个人信息；<br>合同信息；<br>财务信息 | 未授权的数据收集；<br>未授权的数据发布；<br>数据丢失 |
| 声誉 | 违反人权；<br>环境破坏 | 负面媒体报道；<br>被国际石油公司或外国政府取消合同资质 |

资产重要性应考虑的因素：

（1）资产对个人、企业或社会的价值（有形资产和无形资产）。

（2）企业内部的冗余程度，如备用设施、复合型人才、可替代工作场所。

（3）恢复至可接受的服务水平，或恢复至正常运营的能力以及所需要的时间。

（4）如资产缺失，对企业的经营目标可能造成影响的程度。

一般使用风险分析矩阵，即依据公司既定的威胁可能性、严重性和资产脆弱性评价准则，评价项目及重要资产可能面临的社会安全风险，并确定风险等级和处置排序。

## 第三节　风险识别

社会安全风险评估应识别和描述作业区域内存在的威胁。这个过程很复杂，需要对作业环境和作业内容很熟悉。有时候某些资产本身即可构成威胁或对某种威胁造成吸引。

威胁信息的获取和识别：

（1）政府通告。

（2）外交部门、使（领）馆、政府有关部门和驻在国政府部门。

（3）新闻媒体。

（4）来源于本单位各级组织和员工的信息。

（5）作业伙伴。

（6）各海外项目基层单位通过各种渠道获得的信息。

（7）社区团体和组织。

（8）相关安保机构和国际组织。

石油天然气工业领域内常见的社会安全威胁：

（1）治安犯罪（抢劫、偷盗、勒索等）。

（2）绑架劫持（勒索赎金或政治目的）。

（3）恐怖袭击。

（4）战争、宗教部族冲突。

（5）政治动荡、社会动乱。

威胁方应考虑来自于内部的和外部的，以及内外共谋等情况。内部人士为一般可通过正常渠道接触资产的人员。他们可能通过利用欺诈、培训、熟悉相关设施等手段，从而在未经监督情况下接触重要信息及资产，造成严重威胁。

科学技术的发展，给社会安全管理带来了便利，也带来了更多的挑战，对于威胁的识别和评估，除了常见传统威胁外，还应考虑高科技进步带来的新社会安全威胁，如电脑网络安全威胁、人工智能威胁、无人机、水下机器人恐怖袭击威胁等。

海外项目应与项目所在国的地方和国家执法部门讨论潜在威胁，与兄弟单位建立积极的沟通和联络，拓宽威胁信息来源，提高或取得威胁信息质量。

对于威胁的评估不必基于全面而完善的信息。实际上，对于大多数资产的威胁信息，通常获得的都是模糊或非具体的，从而制约了针对相关威胁进行准确而具体的分析。在这种情况下，一般应假设威胁方可能会对任何一个具有威胁吸引力的目标发动攻击，而现场具体的信息会更有助于调整目标的威胁等级。

常见的威胁见表 1-2-2。

**表 1-2-2　可能的威胁与来源**

<table>
<tr><th>编号</th><th>威胁分类</th><th>威胁分型</th><th>威胁描述</th><th>威胁来源</th></tr>
<tr><td>1</td><td rowspan="4">治安犯罪</td><td>暴力犯罪</td><td>人身攻击；<br>武装抢劫；<br>劫车；<br>谋杀；<br>强奸</td><td>个体犯罪；<br>团伙犯罪</td></tr>
<tr><td>2</td><td>轻微犯罪</td><td>ATM 机诈骗；<br>扒窃；<br>诈骗</td><td>个体犯罪；<br>团伙犯罪</td></tr>
<tr><td>3</td><td>盗窃</td><td>盗窃车辆、船只、油料、食品、设备、现金</td><td>外部人员；<br>内外勾结；<br>员工</td></tr>
<tr><td>4</td><td>贪污 / 挪用</td><td>贪污、挪用公司资产，谋取私利虚开发票、报假账；<br>虚报人数，吃空饷</td><td>供应商；<br>员工</td></tr>
</table>

续表

| 编号 | 威胁分类 | 威胁分型 | 威胁描述 | 威胁来源 |
|---|---|---|---|---|
| 5 | 治安犯罪 | 工作场所暴力 | 针对员工的暴力行为；<br>胁迫员工；<br>恐吓员工；<br>骚扰员工（种族、民族、宗教方面） | 外部人员；<br>社区人员；<br>员工 |
| 6 | | 勒索 / 恐吓 | 威胁实施敌对或有害行为，要求提供现金 / 服务 / 雇佣机会 | 外部人员；<br>内外勾结；<br>员工 |
| 7 | | 信息丢失 | 信息丢失；<br>未授权的信息收集；<br>未授权的信息发布 | 非法信息中介；<br>外部人员；<br>内外勾结；<br>员工 |
| 8 | | 蓄意破坏 | 破坏交通工具；<br>破坏基础设施；<br>破坏工艺流程；<br>破坏 IT 系统（病毒、恶意软件等） | 外部人员；<br>内外勾结；<br>员工 |
| 9 | 绑架 / 劫持 | 绑架<br>（勒索赎金） | 将员工非法拘禁到未知地点，勒索赎金 | 团伙犯罪 |
| 10 | | 绑架<br>（政治目的） | 将员工非法拘禁到未知地点，以此对政法、政策施加影响 | 恐怖组织、民兵组织 |
| 11 | | 劫持<br>（政治目的） | 将员工非法拘禁到已知地点，以此对政法、政策施加影响 | 恐怖组织、民兵组织 |
| 12 | 恐怖主义 | 爆炸<br>（针对设施） | 车载简易爆炸装置；<br>便携式简易爆炸装置；<br>人体炸弹（自杀式破炸） | 恐怖组织、民兵组织 |
| 13 | | 爆炸<br>（运动车辆） | 路边炸弹；<br>车辆陷阱 | 恐怖组织、民兵组织 |
| 14 | | 枪击 | 针对设施；<br>针对车辆；<br>针对公共场所 | 恐怖组织、民兵组织 |

续表

| 编号 | 威胁分类 | 威胁分型 | 威胁描述 | 威胁来源 |
|---|---|---|---|---|
| 15 | 恐怖主义 | 暗杀 | 针对公司员工 | 恐怖组织、民兵组织 |
| 16 | | 大规模袭击 | 针对设施或场所的复合型攻击 | 恐怖组织、民兵组织 |
| 17 | 战争 / 武装冲突 | 战争 | 与其他国家的战争 | 国家 |
| 18 | | 内战 | 国家内部不同派系之间的战争 | 政府军、恐怖组织、民兵、政治团体 |
| 19 | | 宗教 / 部族冲突 | 不同宗教、部族团体之间的地域性冲突 | 当地宗教、部族团体 |
| 20 | 政治动荡 / 社会动乱 | 经济威胁 | 政治干涉造成的经济损失 | 当地或国家政府 |
| 21 | | 法律制度 | 不利的法院判决；<br>政府更迭或军事政变 | 国家、地方法院或政府 |
| 22 | | 文化问题 | 社区干扰、堵门；<br>宗教迫害 | 当地社区、宗教领袖与个体 |
| 23 | | 社会动乱 | 游行示威；<br>封锁交通罢工；<br>供应链中断 | 非政府组织；<br>国家、国际媒体 |

## 第四节　可能性分析

威胁可能性是用数值表示某种有害事件发生的可能程度。威胁的可能性是由威胁评分和目标吸引力两个因素决定的。威胁评分大小由动机和能力两个因素决定。

### 一、威胁评分

动机和能力决定了威胁评分的值。动机是指威胁方准备实施威胁的意愿程度。动机因素是驱使威胁方考虑袭击目标的因素，包括经济收益、政治、世俗、个人利益、宗教、复仇、权利、恐怖主义和好奇心等。

（1）威胁方的动机不明确时，可用发生率来代替，结合历史因素、以前发生的时间、犯罪记录等进行综合评估，但未来事件发生的可能性不能仅基于历史记录。

（2）当动机和发生率出现不一致时，取较高的分值。

能力是指威胁方能够实施威胁的程度，包括：

（1）实施威胁所需的工具和技能。

（2）接受培训的程度，以确保能正确使用各种工具和技能。

（3）威胁方已经具备或在一定时间内可能获得的资源水平。

（4）威胁方的能力范围。有的威胁没有距离限制，如商业间谍（泄密），可通过黑客攻击互联网；有的威胁则需要靠近目标，如恐怖袭击。

动机和能力决定了威胁评分，威胁评分由低到高，用数值1～5表示，5表示最高，1表示最低。威胁评分矩阵如图1-2-2所示。

| 动机（或发生率） \ 能力 | 极低 | 低 | 中等 | 高 | 极高 |
|---|---|---|---|---|---|
| 极高 | 3 | 3 | 4 | 4 | 5 |
| 高 | 2 | 3 | 3 | 4 | 5 |
| 中等 | 2 | 2 | 3 | 4 | 4 |
| 低 | 1 | 2 | 3 | 3 | 4 |
| 极低 | 1 | 2 | 2 | 3 | 3 |

图1-2-2　威胁评分矩阵图

## 二、目标吸引力

如果资产对威胁方来说有吸引力，那这个威胁发生的可能性就比较大。资产对威胁方的吸引力可能受到多种因素的影响，例如，媒体关注度、目标国籍、能引起大规模伤亡等。同样，一些资产由于某种原因会降低对威胁方的吸引力。

目标吸引力评价可参照CARVER法则，包括以下6个方面：

（1）易攻击性（Comfort Zone）：

威胁方具备充足的知识和资源来实施攻击。

（2）易接近性（Accessibility）：

① 距离威胁方较近。

② 攻击后容易逃离。

③ 安保措施相对较弱。

（3）易复原性（Recuperability）：

① 对威胁方的回报大于风险。

② 对目标造成严重损害，导致业务中断。

（4）形象影响（Visibility）：

① 威胁方形象。

② 目标的形象。

③ 第三方的形象。

④ 声誉。

⑤ 地位。

⑥ 宣传作用。

⑦ 媒体关注。

（5）攻击效果（Effect）：

① 实现既定目标。

② 不会疏远支持者。

（6）易辨识性（Recognisability）：

目标容易被识别。

如果存在上述某些因素对目标吸引力产生明显影响，进行可能性分析时要使用目标吸引力系数，目标吸引力系数见表 1–2–3。

**表 1–2–3　目标吸引力系数**

| 描述 | 目标吸引力系数 |
| --- | --- |
| 对威胁方的吸引力非常大 | 1.25 |
| 可接受的目标 | 1 |
| 对威胁方的吸引力非常小 | 0.75 |

注：影响目标吸引力的因素应在风险评估报告中注明。

有了威胁评分，又确定了目标吸引力系数，就可以计算出威胁发生的可能性数值。

可能性 = 威胁评分 × 目标吸引力系数

威胁发生的可能性用 1～5 表示，5 是几乎确定，1 是极不可能，详见表 1-2-4。计算威胁发生的可能性时，如得数是小数，取最接近的整数，但最大数为 5。

**表 1-2-4　威胁发生的可能性**

| 可能性 | 描述 |
|---|---|
| 1——极不可能 | 仅可能会在例外的情况下发生。没有见过此类事件发生的记载或传闻，和 / 或近期在其他类似地方没有发生过此类事件。实际上此类事件的发生没有机会、理由和方法 |
| 2——不太可能 | 某些情况下也许会发生，但是概率不大。在其他类似的地方或情况，过去有过一至两次此类事件发生的记录；和 / 或没有确切的证据证明事件发生的传闻；和 / 或此类事件可能在某些机会、理由和方法下会发生 |
| 3——可能 | 某些情况下可能会发生——过去 12 个月内发生过此类事件。在其他类似的地方或情况，有过很少且偶发的事件记录。有此类事件发生的传闻；和 / 或此类事件的发生有公认的机会、理由和方法 |
| 4——很可能 | 大部分情况下都可能会发生。有多次此类事件的记录，或事件发生的趋势很明显；和 / 或多种渠道证实会发生此类事件；和 / 或此类事件的发生有大量的机会、理由和方法 |
| 5——几乎确定 | 事件的发生在预料内——过去的报告显示了这种事件的多发性；和 / 或因为已知的环境，此类事件将极有可能会发生；和 / 或此类事件的发生有巨大的机会、理由和方法 |

## 第五节　严重性分析

威胁严重性是当威胁演化为事件时，资产可能遭受的伤害程度。事件发生时，对人员、设施、当地社区及 / 或所在国可能产生的不利影响和后果。

威胁严重性即威胁造成的影响，包括直接损失和间接损失两种类型。直接损失是由敌对行动直接导致的。但除非有足够的应急措施或备用设备，很可能造成的间接损失将是直接损失的数倍。

威胁发生的严重性用 1～5 表示，5 是特别严重，1 是轻微，详见表 1–2–5。

表 1–2–5　威胁严重性评级

| 评分 | （P）人员 | （A）财产 | （E）环境 | （R）声誉 |
|---|---|---|---|---|
| 1 | 轻微伤<br>FAC，MTC | 轻微损害<br>（<10 万元） | 轻微影响 | 小影响 |
| 2 | 轻伤<br>RWC，LWC<br>（<3 个失时工作日） | 局部小范围的损害<br>（<500 万元） | 影响较小 | 中等的影响 |
| 3 | 重伤<br>LWC，PPD | 重大破坏<br>（>500 万元） | 影响有限 | 影响巨大 |
| 4 | 永久性完全丧失劳动能力、单人死亡或被绑架 FAT/PTD | 大范围的破坏<br>（>1000 万元） | 重大影响 | 在国家范围内造成巨大影响 |
| 5 | 多人死亡或被绑架 | 巨大的破坏，作业损失 >5000 万元 | 巨大的影响 | 造成国际影响 |

威胁严重性以各项中的最高评分为准。例如，某事件可导致单人死亡（4 分）、经济损失大于 5000 万元（5 分），其严重性评分为 5。

## 第六节　初始风险值

威胁发生的初始风险值可以通过威胁发生的可能性和严重性两个因素确定，见表 1–2–6。这是在没有采取任何保安措施情况下的风险评级。

$$初始风险值 = 可能性 \times 严重性$$

**表 1-2-6　初始风险值矩阵**

| 严重性 | | | | | 可能性 | | | | |
|---|---|---|---|---|---|---|---|---|---|
| 分级 | （P）<br>人员 | （A）<br>财产 | （E）<br>环境 | （R）<br>声誉 | 1<br>极不可能 | 2<br>不大可能 | 3<br>可能 | 4<br>很有可能 | 5<br>几乎确定 |
| 1 | 轻微伤<br>FAC，MTC | 轻微损害<br>（＜10 万元） | 轻微影响 | 小影响 | 1 | 2 | 3 | 4 | 5 |
| 2 | 轻伤<br>RWC，LWC（＜3 个失时工作日） | 局部小范围的损害<br>（＜500 万元） | 影响较小 | 中等的影响 | 2 | 2 | 6 | 8 | 10 |
| 3 | 重伤<br>LWC，PPD | 重大破坏<br>（＞500 万元） | 影响有限 | 影响巨大 | 3 | 6 | 9 | 12 | 15 |
| 4 | 永久性完全丧失劳动能力、单人死亡或被绑架 FAT/PTD | 大范围的破坏<br>（＞1000 万元） | 重大影响 | 在国家范围内造成巨大影响 | 4 | 8 | 12 | 16 | 20 |
| 5 | 多人死亡或被绑架 | 巨大的破坏，作业损失＞5000 万元 | 巨大的影响 | 造成国际影响 | 5 | 10 | 15 | 20 | 25 |

根据威胁发生的初始风险值大小，确定采用什么样的防护措施，详见表 1-2-7。

**表 1-2-7　初始风险值等级及处置原则**

| 等级 | 定义 | 评分（可能性 × 严重性） | 处置原则 |
|---|---|---|---|
| Ⅳ | 低 | 1～4 | 低风险，可接受的风险，根据风险处置方案维持风险等级 |
| Ⅲ | 中 | 5～9 | 中等风险，需采取应对措施，及时制订处置方案，确定风险责任人。应在一定期限内对风险进行处置并降低 |
| Ⅱ | 高 | 10～16 | 高风险，需紧急采取应对措施，及时确定风险责任人和制订处置方案，尽快降低风险 |
| Ⅰ | 极高 | 17～25 | 极高风险，需立即采取综合处置措施或在风险降低之前，停止该高风险的活动 |

# 第七节　脆弱性分析

项目启动后，并实施了风险处置措施的情况下，风险评估应增加脆弱性因素，进行脆弱性分析评估。

脆弱性评估应全面考虑各种已经实施的措施，可参考表 1-2-8。

**表 1-2-8　现场设施的脆弱性评估内容**

| 序号 | 项目 | 观察事项 | 等级 |
|---|---|---|---|
| 1 | 一般社会安全风险控制方法 | 多层安全防护：<br>● 社区关系项目；<br>● 周界栅栏；<br>● 监测系统；<br>● 建筑物及围墙；<br>● 门窗；<br>● 保安力量 | |
| 2 | 邻居 | 识别威胁和资产：<br>距离可能成为恐怖分子袭击的使领馆、宗教场所等敏感目标不低于 500m | |
| 3 | 过去的社会安全事件 | 是否存在威胁趋势 | |
| 4 | 关键区域 | 关键点或核心区域，即一旦遭受损害或袭击，对业务运行造成重大破坏的区域，例如：<br>● 关键技术资料；<br>● 供电系统；<br>● 计算机 | |
| 5 | 周界栅栏 | （1）识别周界栅栏提供的安全级别，如分为低、中、高。<br>● 低：无周界栅栏，或金属网栅栏高度不足 2.5m（包含带刺铁丝网的高度，以下同）；<br>● 中：金属网栅栏高度大于 3m，或带支架的金属网栅栏且高度大于 2.5m；<br>● 高：带支架的金属网栅栏，且高度大于 3.6m。 | |

续表

| 序号 | 项目 | 观察事项 | 等级 |
| --- | --- | --- | --- |
| 5 | 周界栅栏 | （2）栅栏区：<br>● 栅栏与地面的间隙是否小于 5cm？<br>● 栅栏区是否有妨碍观察的植物、垃圾、设备？<br>● 栅栏区是否有妨碍观察的其他物品？<br>● 栅栏区是否存在可协助翻越的物品？<br>● 横穿栅栏的公用设施在交叉处是否有防护措施？ | |
| 6 | 周界通道 | （1）识别周界通道出入口状态，如是否有闸门、车道控制杆、金属网栅栏或其他（具体说明）。<br>（2）识别门锁状态，如分为没有锁、有门锁未使用、门未锁、门未上锁时有专人看守、身份识别锁、挂锁或其他（具体说明）。<br>（3）门锁钥匙的管理情况 | |
| 7 | 通道控制 | （1）人员通道：<br>● 识别通道控制情况，如分为无人看守、无武装保安看守、有武装保安看守或其他（具体说明）；<br>● 识别通道检查程序，如分为无人现场检查、偶尔的检查、身份识别检查（例如驾驶证、护照、身份证）、带图片的通行证、个人标识号码、访客身份证交换卡、视网膜扫描、掌型识别、语音识别、动态签名认证、指纹识别或其他（具体说明）；<br>● 识别公司通行证管理制度及实施情况，如分为无通行证要求、访问者通行证出示要求、通行证发放和管理制度（具体说明），以及进入具体区域的通行证出示规定或其他（具体说明）。<br>（2）车辆通道：<br>● 识别车辆通道控制情况，如分为无人看守、无武装保安看守、有武装保安看守或其他（具体说明）；<br>● 识别通行车辆检查制度，如分为现场无人检查、车辆有标签、显示人员身份的车辆标签、自动化系统（具体说明）或其他（具体说明）；<br>● 描述车辆进出运输物品核查程序，运输是否按计划进行或在运输前是否提交相关运输司机名单 | |

续表

| 序号 | 项目 | 观察事项 | 等级 |
|---|---|---|---|
| 8 | 照明 | （1）周界栅栏照明：<br>● 是否安装栅栏安全照明系统？具体说明安全照明系统；<br>● 警报器或红外线探测器是否可激活照明系统？具体说明激活程序。<br>（2）通道门口照明：<br>● 描述门口安全照明系统；<br>● 警报器或红外线探测器是否可激活照明系统？具体说明激活程序 | |
| 9 | 电子安全系统 | （1）识别对入侵系统的评估，如分为未开展评估、有闭路电子监视系统、有防护力量自动化分配系统或其他（具体说明）。<br>（2）闭路电子监视系统：<br>● 描述现场正在使用的闭路电子监视系统；<br>● 描述实际使用的监视摄像头类型及摄像头覆盖的资产范围（云台全方位变焦摄像头、自动可变焦摄像头、固定摄像头、日夜型摄像头等）；<br>● 描述负责监视闭路电子监视系统摄像显示的人员（操作人员或保安），以及摄像头操作方案；<br>● 描述闭路电子监视系统记录数据的定期核查制度（例如，三个月内储存的数据）；<br>● 描述闭路电子监视系统的预防性保养计划 | |
| 10 | 门 | 识别门的材质并可提供的安全级别，如分为低、中或高：<br>● 低：纯木质、中空薄金属板、金属网、无锁 / 铰链或其他材质等（具体说明）；<br>● 中：中空厚金属板、钢化玻璃板、防弹玻璃板、半高十字转闸旋转门或其他材质等（具体说明）；<br>● 高：13mm 厚钢板、十字转闸铝制旋转门、Ⅴ级或Ⅵ级金库防护门或其他材质等（具体说明） | |

续表

| 序号 | 项目 | 观察事项 | 等级 |
|---|---|---|---|
| 11 | 钥匙选择和门锁 | （1）识别门锁以及可提供的安全级别，如分为低、中或高：<br>● 低：无门锁、有门锁未使用或其他（具体说明）；<br>● 中：门未上锁、门未上锁时有专人看守、身份识别锁、挂锁、键控圆筒销子锁、号码锁、机械密码锁或其他（具体说明）；<br>● 高：电子密码锁、双人管理门锁系统、从门外无法接触门锁或其他（具体说明）。<br>（2）门锁钥匙管理情况 | |
| 12 | 通信系统 | 通信系统快捷、清晰、不失真、保密性好 | |
| 13 | 保安力量 | （1）描述保安人员总数及工作时间、非工作时间和周末 / 节假日期间的在岗保安人数。<br>（2）描述保安人员配备的物品，如制服、车辆（具体说明数量）、武器（具体说明）、通信装置（具体说明）和其他设备（具体说明）。<br>（3）描述保安人员的培训情况，尤其是入职培训、继续培训（例如在职培训）、演习和训练。<br>（4）描述保安力量的组织管理模式，尤其是指挥结构、工作任务、已有的政策、程序及应急预案等。<br>（5）是否有后备支持的规定（例如歇班保安人员的召回）？具体说明后备支持的规定。<br>（6）保安指挥中心：<br>● 是否有保安指挥和控制中心？具体说明情况；<br>● 是否有后备支持中心？具体说明情况。<br>（7）保安人物是否需要保密，以防相关情报往外泄露？具体说明保密情况。<br>（8）描述保安接到报警后的应对程序。<br>（9）保安是否为来访者提供安保护卫？具体说明护卫种类 | |
| 14 | 政策和程序 | （1）是否有工作宣言介绍关于实体防护、作业安保和基础设施安保的计划？ | |

续表

| 序号 | 项目 | 观察事项 | 等级 |
|---|---|---|---|
| 14 | 政策和程序 | （2）是否有正式的社会安全管理计划和社会安全政策声明？如有，具体说明如何同员工进行沟通。<br>（3）是否有正式的威胁定义和评估声明？如有，具体说明如何同员工进行沟通 | |
| 15 | 旅程管理 | 安全护卫；<br>车辆等交通方式控制和选择 | |
| 平均分数 = 总分 / 评估项目总数<br>如得数是小数，取接近的整数 | | | |

脆弱性评估得分用 1～5 表示。5 表示极差，几乎没有采取措施或采取的措施几乎没有效果；1 表示优秀，采取的措施到位、管用，参照表 1-2-9。

**表 1-2-9 脆弱性评估标准**

| 评级 | 预防 | 响应 | 脆弱性评分 |
|---|---|---|---|
| 优 | 风险控制（威慑、探测、延迟）措施到位，在本地区或行业内处于优秀水平，满足 ALARP 标准；未发现不符合和改进项 | 风险响应和恢复措施到位，处于优秀水平；未发现不符合和改进项 | 1 |
| 好 | 风险控制（威慑、探测、延迟）措施到位，在本地区或行业内处于良好水平；未发现不符合项，但有少量改进项 | 风险响应和恢复措施到位，在本地区或行业内处于良好水平；未发现不符合项，但有少量改进项 | 2 |
| 中 | 风险控制（威慑、探测、延迟）措施到位，在本地区或行业内处于一般合理水平；发现有不符合项和薄弱环节 | 风险响应和恢复措施到位，在本地区或行业内处于一般合理水平；发现有薄弱环节和不符合项 | 3 |

续表

| 评级 | 预防 | 响应 | 脆弱性评分 |
| --- | --- | --- | --- |
| 差 | 风险控制（威慑、探测、延迟）措施部分到位，低于本地区或行业内一般水平；发现有实质性的缺陷和较多不符合项 | 风险响应和恢复措施部分到位，低于本地区或行业内平均水平；发现有实质性的缺陷和较多不符合项 | 4 |
| 极差 | 没有风险控制（威慑、探测、延迟）措施，或者发现有严重的缺陷或不符合项，足以使其他所有控制措施失效 | 没有风险响应和恢复措施，或者发现有严重的缺陷或不符合项，足以使其他所有措施失效 | 5 |

注：如果预防措施和响应措施的评分不一致，取较高的分值。

## 第八节　残余风险值

威胁的残余风险值是由威胁发生的可能性、严重性和脆弱性三个因素决定的，详见表 1–2–10。

$$残余风险值 = 严重性 \times 可能性 \times 脆弱性$$

表 1–2–10　残余风险值矩阵

| 威胁 | 可能性 $L$ | 严重性 $E$ | 脆弱性 $V$ | 风险评分（$L·E·V$） |
| --- | --- | --- | --- | --- |
| 分值 | 5= 几乎确定<br>4= 很可能<br>3= 可能<br>2= 不太可能<br>1= 极不可能 | 5= 重大<br>4= 严重<br>3= 中度<br>2= 轻度<br>1= 轻微 | 5= 极差<br>4= 差<br>3= 中<br>2= 好<br>1= 优 | 65～125<br>28～64<br>9～27<br>1～8 |

针对不同的残余风险等级，应采取相应的处置措施，可参见表 1–2–11。

表 1-2-11　风险等级及处置原则

| 等级 | 定义 | 评分（可能性 × 严重性 × 脆弱性） | 处置原则 |
| --- | --- | --- | --- |
| Ⅳ | 低 | 1～8 | 低风险。可接受的风险，根据风险处置方案维持风险等级 |
| Ⅲ | 中 | 9～27 | 中等风险。需采取应对措施，及时制订处置方案，确定风险责任人。应在一定期限内对风险进行处置并降低 |
| Ⅱ | 高 | 28～64 | 高风险。需紧急采取应对措施，及时确定风险责任人和制订处置方案，尽快降低风险 |
| Ⅰ | 极高 | 65～125 | 极高风险。需立即采取综合处置措施或在风险降低之前，停止该高风险的活动 |

## 第九节　风险处置

海外项目根据上述风险评估结果，应编制项目风险清单，并针对风险清单，坚持最低合理可行原则——As Low As Reasonably Practicable（ALARP），制订风险处置方案（安保方案）。编制风险处置方案时，应考虑如下因素。

### 一、风险预防

降低风险的可能性，如加强情报信息沟通与风险预警、增强物理和技术防范水平等。

### 二、风险降低

降低后果的严重性，如制订危机管理计划和应急预案、恢复运行计划和改进方案及业务连续性计划等应急恢复措施。

### 三、风险转移

将风险转移至相关方，如以合资经营、保险等方式进行法律责任和经济风险的转移。

## 四、风险规避

当残余风险确实无法有效降低时，通过停止活动、关闭设施、终止合同、出售业务等方式，将损失的可能性降至最小。

如果实施风险处置措施后，社会安全风险仍不能承受，海外项目应采取新的风险处置方法，并再次评估风险处置的效果；需要重新评估残余风险，把安保措施本身带来的风险也考虑在内，直至残余风险值达到可接受的程度。

# 第三章　旅程安全

## 第一节　个人旅程安全

### 一、旅程安全原则

良好的个人安全意识、低调的行为举止和恰当的应对将极大地帮助员工化解各种安全威胁。

1. 个人安全意识

员工要保持良好的个人安全意识，其包括但不限于以下方面：

（1）了解当地安全信息，如大选、游行、犯罪、暴乱等；了解当地新闻内容和媒体联系方式，但要尽量避免与媒体的接触，除非商业需要。

（2）向可靠的当地居民和当地大使馆咨询安全建议。

（3）熟悉并遵循项目安全管理规定。

（4）了解安全地点以应对突发状况，如朋友住所、酒店、大使馆、警察局。

（5）熟悉紧急逃生通道。

（6）习惯性地锁好房门和挂好防盗链。

（7）在他人进入房间前，首先要确认来访者，如通过门上的窥视孔。

（8）妥善保管敏感信息和文件，如护照等。

（9）在到港和离港时提高安全警惕。

（10）在可能的情况下尽量结伴出行，两辆车远比一辆车外出安全，必须步行外出时一定要结伴而行。

（11）在受保护的区域内停放车辆，进入未安排人员看管或无保护措施的车辆前要进行搜查。

（12）在行车途中要关好门窗。

（13）尽量让车辆处于启动状态且靠近建筑物的入口（如果对所在环境不熟悉要事先让车直线行驶），在确信车辆已经到达并可以安全离开之前要留在安全地点。

（14）对陌生人始终保持警觉。

（15）避开易发生冲突的区域。

（16）避免在公开场合谈论旅程等活动计划。

（17）避免在不熟悉的地方约见陌生人。

（18）避免向他人透露不必要的信息，确信让可靠的人知晓自己的行程。

（19）不在公共场所翻阅地图。

（20）夜间，不要在灯光昏暗的区域步行，坚持在主路上活动。

### 2. 员工行为要求

员工要行为低调，避免成为犯罪分子关注目标，如：

（1）使用良好且不引人注意的行李箱（精美的行李箱易引起犯罪分子的注意）。

（2）了解并遵守当地风俗习惯，行为举止、穿着打扮尽量入乡随俗，以免引人注意。

（3）使用当地货币且持有小额零钱。

（4）避免露出现金、昂贵的手表、首饰和其他表明是高级管理人员或外国人的物品并尽量减少现金的携带。

（5）不要在街上暴露相机、现金或个人文件。

（6）不要未经允许避免拍摄当地建筑及人员。

（7）尽量使用当地主流车辆。

### 3. 日常出行要求

员工出行日程要严格控制须知范围，经常变化并最大化减少规律性行程，例如：

（1）使用不同车辆并且经常改变乘车地点。

（2）经常不定时地变换路线或出口。

（3）尽可能地在最后时刻预订好房间。

（4）改去不同的餐馆就餐。

（5）尽量考虑不同的着装。

（6）不定期改变文娱活动时间等。

### 4. 不同风险环境下的个人安全管理原则

#### 1）低风险环境下个人安全管理原则

（1）了解当地主要的犯罪形式并遵守公司防范要求。

（2）参加公司组织的社会安全培训。

（3）应评估固定路线中易受到的潜在攻击，并保持警觉。

（4）在严格的“须知”原则下，严格控制个人及其相关信息。

（5）保持一种低调的个人形象。

（6）尽量避免有规律性的活动。

（7）对可能存在的监视行为保持警惕并采取相应的反监视措施。

#### 2）中风险环境下个人安全管理原则

在低风险管理原则基础上，须加强如下防范措施：

（1）加强驻地和工作场所的物防措施。

（2）改善通信条件。

（3）实施 24h 实时监控。

（4）使用受过良好驾驶技能训练的司机并进行应急驾驶技能培训。

（5）在允许的情况下，雇佣接受过正式训练的保安人员进行日常巡逻，做好保安和贴身防护人员的筛选和管理。

#### 3）高（极高）风险环境下个人安全管理原则

在中风险应对原则基础上，如果个人处于被袭击的高风险当中，仅依靠个人防护措施和安保巡逻是不够的，应采取包括但不限于如下的防范措施：

（1）构建全面的安保指挥和联络系统。

（2）管理人员和员工必须接受高风险条件下要求的所有社会安全培训并按要求参加再培训。

（3）生活和工作场所需要提供24h的保安巡逻。

（4）外出时需要提供贴身防护（极端情况下针对特殊群体提供全天候贴身防护）。

（5）加强保安和保镖的筛选和管理。

（6）按照现场营地与驻地安全对应的高和极高风险标准配置物防设备。

（7）实施出行管理的最严格管理制度，严控须知范围。

（8）尽量控制和减少外出和社交活动。

（9）实施来访人员控制和保护。

在不同作业现场，人员会面临不同的社会安全风险，各海外作业项目应结合项目实际情况，制订适用于本项目的个人安全风险管理原则。

## 二、旅程安全

### 1. 出行前

出行前，应准备一个行前检查表。可参见表1–3–1。

表1–3–1　行前检查表

| | | | |
|---|---|---|---|
| 1 | 右列中证件类及资料类准备3份（1份原件自带，1份复印件留在家里，1份复印件放在办公室） | 护照 | 是／否 |
| 2 | | 签证 | 是／否 |
| 3 | | 疫苗接种证书 | 是／否 |
| 4 | | 信用卡 | 是／否 |
| 5 | | 行程表 | 是／否 |
| 6 | | 少量现金 | 是／否 |
| 7 | | 处方 | 是／否 |
| 8 | | 驾照 | 是／否 |

续表

| 9 | 是否办理了相关保险？ | 是 / 否 |
|---|---|---|
| 10 | 国内手机是否开通国际漫游？ | 是 / 否 |
| 11 | 是否清理了钱包里不必要的纸质品？ | 是 / 否 |
| 12 | 行李箱上锁了吗？ | 是 / 否 |
| 13 | 在行李隐蔽的位置做了标记？ | 是 / 否 |
| 14 | 在手提包里多备一副眼镜和常用药品？ | 是 / 否 |
| 15 | 相关人员的应急联系方式 | 是 / 否 |

1）对目的地的调查研究

（1）获得关于签证、健康证、保险和旅程路线方面的信息。

（2）社会安全情况，需要关注：偷窃行为；刑事犯罪，如劫持、强奸、谋杀及绑架等；诈骗，如身份证盗窃和仿造；节假日、选举、罢工、游行示威；突发事件，如地震、海啸等大灾难的发生或恐怖事件的发生。

（3）当地习俗。

（4）当地入境及海关相关要求。

（5）恶劣气候及流行病情况。

2）健康

（1）办理旅行保险和医疗保险。

（2）接种疫苗，办理医疗证明。

（3）准备需要携带的药品，例如治疗疟疾的药品等。

（4）咨询医生或世界卫生组织。

3）当地习俗

（1）注意着装要求和当地人的禁忌。

（2）了解关于药物和酒精的法规。

（3）了解关于性和性倾向的法规。

（4）避免携带非法药物。

4）旅程选择

（1）选择安全的旅程线路和交通工具。

（2）确认签证方面的要求、公共交通信息及中转信息。

5）紧急情况

关注以下相关信息：

（1）恐怖活动。

（2）自然灾害。

（3）大使馆发布的安全提示信息。

（4）当地政府机构的信息。

（5）劳工中断可能造成的破坏。

（6）选举、罢工、游行示威等社会群体事件影响。

6）护照

（1）确认护照 6 个月内有效，为签证至少留出 2 页空白。

（2）将主页复印 3 份，一份随身携带，一份留在家里，一份放在办公室。

（3）出行期间将扫描件发到电子邮箱，以备不时之需。

（4）特别要留心互相抵制的签证，如以色列和中东国家的签证。

7）航班选择

（1）尽可能选直飞航班。

（2）尽可能选安全记录较好的航空公司航班。

（3）尽可能选择在白天到达。

8）酒店选择

（1）选择大型酒店。

（2）选择有 24h 安全保卫的酒店。

（3）选择公司准许的酒店。

（4）选择处于安全地区的酒店。

（5）选择不会成为潜在袭击目标的酒店。

（6）选择楼间距较大的酒店房间。

9）接机

（1）识别和确认接机的司机。

（2）事先约好口令或者得到接机人的照片。

（3）如使用接机牌，应使用姓名简写而不要使用姓名或者公司的名称。

10）租车

（1）选择公司指定的出租车公司的车辆。

（2）驾驶证要合法有效。

（3）要小心谨慎选择车辆。

（4）选择正规租车公司的车辆。

（5）选择有 24h 支援服务的公司。

11）保险

（1）确认保险在目的地国家是合法有效的。

（2）保险范围覆盖恐怖主义地区或者特定的地区。

12）医疗

（1）了解当地传染病的预防和治疗方法及当地的医疗资源。

（2）疫苗接种要有效。

（3）确认是否需要疫苗接种证书。

（4）如果进行药物治疗，要保留药物说明和购药发票，携带医生的处方，携带医疗运送卡。

13）通信

（1）确认手机国际漫游或者使用卫星电话保证通信畅通。

（2）准备联系方式的纸制备份。

（3）熟记紧急情况下的求助电话，包括当地中国使领馆等的联系方式。

（4）准备好当地的电话卡，并携带零钱以备不时之需。

（5）将旅程行程知会家人和同事。

14）经费

（1）随身携带适量现金，如美元、欧元、英镑或当地货币，现金数额不能超出目的地海关规定。

（2）随身携带信用卡。

（3）随身携带放置少量现金的钱包。

15）手提箱

（1）选择朴实且牢固的箱子。

（2）不要贴公司的标志。

（3）不要贴行程标签。

（4）公司地址放在手提箱内。

（5）上锁。

16）行李打包

（1）携带一些适合当地风俗习惯的服装。

（2）携带个人应急安全包。

（3）不为其他人员托运行李或运送物品。如必须携带，须保证物品符合资源国和中国法规要求和海关规定。

17）常用个人应急装备

（1）多用途便携式刀具（受航空管制，可以托运）。

（2）文件的副本（护照、身份证）。

（3）指南针。

（4）备用眼镜。

（5）地图 / 指南。

（6）可以放钱的腰带。

（7）口哨。

（8）闪光灯或者手电筒。

（9）火柴或打火机。

（10）楔子（挡宾馆的门）。

（11）保命钱包。

（12）饮用水净水片。

（13）水杯。

### 2. 旅途中

1）登机

（1）留出空余时间。

（2）注意照看好行李，时刻提防小偷。

（3）不要因其他事件分神。

（4）当行李进行安检时要随时看紧。

（5）留心手提电脑骗局。

（6）排队时，留意身边的人。

（7）直接走向登机厅。

（8）不帮陌生人提行李或照看行李。

2）飞行途中

（1）知晓自己座位与紧急出口之间的距离。

（2）考虑为你的手提电脑设置防窥视薄膜。

（3）保护好你的私人信息，例如手提电脑上的信息。

（4）聊天对话时要注意保密原则。

（5）对于那些过度友好热心的人要提防。

（6）不要向别人透露你是一个人在出行。

（7）不要将照相机等贵重物品放置在头顶的行李箱内。

3）到达

（1）了解是否需要填写入境卡。

（2）正确填写海关申报表。

（3）谨防虚假移民机构提供的帮助。

（4）时刻保持警惕。

（5）谨防假冒行李搬运工。

（6）一些国家需要保存入境卡至出关时使用。

4）乘车

（1）尽量乘坐公司安排的车辆；如果没有安排，应选择正规出租车公司车辆。

（2）记下车牌号。

（3）确认使用出租车计费器或者事先谈好价格。

（4）携带用当地语言印制的说明。

（5）坐在后排，不要和司机谈论个人的信息。

（6）不要在途中不安全处停车购物。

（7）注意司机的细节。

（8）如果感到不对劲，要求司机在安全的地点或者繁华的商业区停车。

（9）不要外露自己携带有大量的现金，看好自己的包，拿完所有包后付钱。

（10）在司机找钱及兑换货币时要保持警觉。

（11）走大道并直奔下榻地。

### 3. 宾馆和营地现场

1）办理入住手续

（1）随时保持警惕。

（2）行李要放置在自己看得到的地方。

（3）不要向他人透露自己的房间号。

（4）提供公司的地址，不要提供家庭地址或者公司的名称。

（5）尽量不要住在7楼以上的房间，选择住宿的房间最好有阳台和火灾逃生口。

（6）不要将钥匙放在前台，最好能亲手交给接待员。

（7）准备一个随身携带的紧急应急包，里面放有护照、钱物、手提电脑及其他一些必需的东西。

2）宾馆安全

（1）进行安全检查：

① 烟雾报警器。
② 自动水喷淋系统。
③ 连接的门要锁住。
④ 窗户要锁住。
⑤ 检查门链或者门插。
⑥ 检查保险箱。
⑦ 检查门上的猫眼。
⑧ 有任何问题，及时报告宾馆管理人员。

（2）了解紧急出口。

（3）锁住连接的门。

（4）锁住窗户。

（5）接入宾馆的 Wifi 有可能使计算机内的资料泄密。

3）营地现场

（1）从安保负责人处了解当地情况。

（2）确认出行限制方面的规定和要求。

（3）知晓警戒状态，熟悉应对措施。

（4）熟悉当地地理环境。

（5）不去犯罪高发区。

（6）随身携带有效身份证件复印件。

（7）保持低调（着装和装饰方面不要露富）。

4）租车

需要租车，确保车辆要有：

（1）中央门锁系统。

（2）可锁的油箱。

（3）充好气的备用车胎。

（4）汽车报警系统。

（5）工具箱。

（6）适当的保险。

5）自驾

（1）关好门窗。

（2）放好贵重物品。

（3）与前面的车保持车距。

（4）知晓地图上的安全区域（如宾馆、大型购物中心、警察局等）。

（5）除非已确认是警察指示停车外，否则不要停车。

（6）留心假的交通事故。

6）泊车

（1）将车面向可以快速出去的地方停靠。

（2）停车的地方要有安全人员看护。

（3）将车停在光线良好的地方，而且旁边没有隐蔽的地方供袭击者隐藏。

（4）启动车辆警报系统。

（5）如果车停在不安全地区，走向车时要小心，注意观察车辆是否有异常；如果发现旁边有可疑的人在徘徊，应继续走，不要靠近车辆。

（6）在走向车的途中就要准备好车门钥匙。

### 4. 回程

1）退房

（1）如果宾馆在你的房卡上记录了你的护照和信用卡等细节，不要交回卡片。

（2）不要使用快速结账表格。

（3）要留有足够的时间，不是所有宾馆都能快捷完成退房手续。

2）去机场

（1）使用宾馆提供的车辆或者有执照的出租车。

（2）时刻留心自己的行李。

3）携带物品

（1）携带现金数额不要超过入境时的现金。

（2）如果买了纪念品，要从商店拿到收据，以确认产品原产地。

（3）不要携带违法的纪念品，如濒于灭绝的物种。

4）回家

（1）在回家的途中，不要放松警惕。

（2）提前做好抵达国内机场的准备（使用出租车等）。

（3）最好在白天到达。

（4）准备好可用的钥匙。

## 第二节　海外作业出行安全

海外作业现场出行方式包括车辆、飞机、船只等。

### 一、出行前

出行前必须制订旅程计划，开展风险评估，并履行出行审批程序。

1. 风险评估

出行前应做好风险评估。应预估可能出现的或影响出行的风险，如车辆、直升机或船等交通工具出现故障，遭遇暴雨、大风、沙尘暴等恶劣天气，遇到伏击或过境延迟等情况，制订简要的行动计划。应对计划要简单、实用、可操作。

若风险危及人员生命安全，则停止出行；若风险可控，确定各项保护措施到位，由交通安全负责人签署出发令；没有出发许可，不得出发。

2. 路线选择

应尽量避免可能发生游行示威、武装抢劫或者其他任何可能威胁道路安全的地段。

确定主路线，然后确定至少一条可行的备选路线。在主路线存在风险时，可以绕过原主路线的任何或全部路段。

驾驶员必须熟知备选路线。如果时间和资源允许，须对所有的备选路线进行全面勘察。

### 3. 极高风险地区出行

在极高风险地区车辆出行时，前面应有安保车引导，后面有安保车护卫。

在存在极高武装袭击风险的地区外出作业时，中方人员应乘坐 B6 级及以上等级防弹车，并穿着防弹衣。

## 二、出行期间

### 1. 车速

在出车前，要设定一个车速，保证所有车辆能一起行驶。

### 2. 车距

行驶过程中，应保持安全车距。临时停车时，要注意观察周围的情况。在情况恶劣的条件下，不得停车。

### 3. 通信

必须配备至少两种有效通信工具，并保持每隔 2h 或每到达一处休息地时与项目部联系一次，同时在出行审批表上做好联系记录。

出行期间，车辆之间如在视线之外，应至少每 30min 联系一次。

### 4. 袭击事件

出行期间若遭到袭击，应以最快速度冲出危险区。车队负责人所坐的头车应确定一个安全的集合地，等候每一辆通过危险区的车辆。

未到达袭击点的车辆应立即停止前进，并返回出发地。如必须到达目的地，应采用备选路线。

遇到袭击时，应在第一时间向出发地和目的地交通安全负责人报告。

## 三、抵达后

当到达目的地后，驾驶员必须向交通安全负责人报告，告知已经抵达。然后，通知出发营地交通工具、人员到达的数量和到达时间。

启程返回营地时，必须通知交通安全负责人出发时间和预计抵达营地时间。

抵达目的地后，驾驶员应汇报旅程中发生和观察到的危险事件或者状况。

## 四、晚点抵达

如果比预计到达时间晚到 30min，本旅程交通安全负责人必须立即向上级汇报。如果在预计到达时间 1h 后仍未到达，应立即启动应急响应程序。

## 五、夜间出行

各海外项目应制定夜间出行管理规定。在高风险国家或地区夜间出行，必须经单位主要负责人批准。

当预警风险等级为红色级别时，夜间禁止出行。

# 第四章　应 急 管 理

## 第一节　突发事件应急预案

中国石油所属涉外企业组织制订境外各级生产经营单位的安全突发事件应急预案。应急预案的建立及变更应报上级主管部门备案，同时与当地政府、周边相关方建立预警救援和联动机制。

极高风险和高风险国家（地区）的项目建立紧急撤离预案，定期踏勘应急路线。海外各级生产经营单位根据风险情况储备应急物资，落实并定期更新应急资源。

海外项目公司编制的应急预案应包括如下要素：

（1）原则和方针。

（2）应急管理组织架构与职责。

（3）事件分级与报告。

（4）信息与预警。

（5）应急响应。

（6）应急保障。

（7）恢复与重建。

海外作业现场应编制各类社会安全突发事件的应急处置方案和应急处置卡（一案一卡）。现场应急处置方案和关键岗位员工应急处置卡应针对现场工作中出现的小概率、高后果险情，第一时间、第一岗位做出的应急处置的关键步骤。应急处置卡的内容应简明扼要，便于员工理解、记忆和使用。例如，发生当地民众群体冲击项目营地事件时，营地出入口保安人员（关键岗位人员）的应急处置卡内容应包括：

（1）迅速关闭大门，防止闯入。

（2）立即报告，不得擅离职守或隐瞒不报。

（3）密切关注动向，随时报告。

如果在高风险国家作业现场，发生人员走失事件时，现场基层单位应编制如下内容的应急处置方案，并做好培训和演练：

（1）立即打电话，电话接通，立即派车把人接回。应急响应结束。24h 内上报事件快报；项目公司发出预警提示。

（2）电话无法接通：① 立即联系确认可能去的地方。② 继续电话联系，一旦电话联系上，立即派车接回。如果超过 30min 仍找不到，派出车辆人员地毯式搜寻，上报事件信息（Ⅲ级突发事件），报警。同时联系当地电信单位手机定位、寻找。

## 第二节　突发事件分级和上报

### 一、突发事件分级

将社会安全突发事件分为Ⅰ、Ⅱ、Ⅲ、Ⅳ级四个级别。

1. Ⅰ级社会安全突发事件

凡符合下列情形之一的，为Ⅰ级社会安全突发事件：

严重波及海外项目的生产和生活区域，对员工和其他人员的人身安全及生产经营活动已经造成严重危害；可能造成 2 人以上死亡或被绑架；可能对财产造成巨大的破坏、作业损失（大于或等于 5000 万元人民币）；导致或可能导致发生较大环境事件；可能对中国石油的声誉造成国际性影响；需要中国石油统一组织协调，调度各方面资源和力量进行应急处置；需要立即撤离所有人员；需要中国石油总部升级管理的事件。

2. Ⅱ级社会安全突发事件

凡符合下列情形之一的，为Ⅱ级社会安全突发事件：

已经波及到海外项目的生产和生活区域，对员工和其他人员的人身安全和生产经营活动已经造成一定危害；可能造成单人死亡、永久性完全丧失劳动能力或被绑架；可能对财产造成大范围的破坏（大于或等于1000万人民币）；导致或可能导致发生一般A级环境事件；可能对中国石油的声誉在国家范围内造成巨大影响；需要境外项目的国内总部调度多个部门、协调当地社会力量和相关单位力量、资源进行联合处置；需要尽快撤离非关键岗位人员。

3. Ⅲ级社会安全突发事件

凡符合下列情形之一的，为Ⅲ级社会安全突发事件：

已经波及海外项目的生产和生活区域，但是对员工和其他人员的人身安全和生产经营活动尚未造成危害；可能造成人员重伤；可能对财产造成重大破坏（大于或等于500万人民币）；导致或可能导致发生一般B级环境事件；可能在当地对中国石油声誉产生巨大影响；发生社会安全事件，需要境外项目公司出面协调处理。

4. Ⅳ级社会安全突发事件

凡符合下列情形之一的，为Ⅳ级社会安全突发事件：

尚未波及海外项目的生产和生活区域，但是对员工和其他人员的人身安全和生产经营活动具有一定潜在危害；可能造成人员轻伤（小于三个损失工作日）；可能对财产造成局部小范围的损害（大于或等于50万人民币）；导致或可能导致发生一般C级环境事件；可能在当地对中国石油声誉产生中等的影响。

## 二、突发事件上报

（1）海外项目发生社会安全突发事件时，均应及时、如实向上级单位应急值班室进行报告。中国石油涉外企业和海外项目均应设置24h应急值班电话和邮箱，并保持畅通。

（2）海外项目发生Ⅲ级及以上社会安全突发事件时，事发单位应在事发0.5h之内，向上级单位应急值班室进行口头汇报，在事发1h之内书面报告至上级单位应急值班室。海外项目发生Ⅲ级以下社会安全突发事件时，事发单位应在事发24h之内，向上级单位应急值班室进行书面报告。如在事件初期无法准确认定级别时，应按照“就高不就低”原则，先按高一级别突发事件进行信息报告，待突发事件级别正式认定后再按照认定的突发事件级别报告信息。

（3）海外项目电话报告内容应包括：事发时间、事发地点、事件简述、涉事单位概况、可能造成的影响和已采取的措施等。

## 第三节　应急培训和演练

各海外单位要制订应急预案培训、演练计划，定期进行应急预案演练，确保相关人员熟悉、熟练掌握应急预案和应急措施。

### 一、培训

各海外单位要制订应急预案培训计划，组织对本单位各类专业应急人员、应急指挥人员、员工安排相关的应急培训，使其了解并掌握应急总体要求和与员工相关内容的详细要求。

### 二、应急演练

各海外单位要制订应急预案演练计划，每年至少开展1次应急预案演练，演练可以与当地政府协同开展。公司根据情况，组织对海外项目应急预案演练进行观摩。

### 三、评审安排

各海外单位对应急演练进行评审，提出应急预案需要改进和完善的内容，并及时进行更新。

## 第四节　应急保障

（1）各海外单位应设置应急值班室，并设有24h值班电话。

（2）现场须配备足够的应急通信设备，并确保其处于良好运行状态；在高风险及以上国家（地区）的项目，需要配备的通信工具不少于两种（至少包括卫星电话），确保通信畅通。

（3）各海外单位须根据各自的风险情况储备应急物资，并建立应急物资信息库。储备的应急物资包括但不限于：

① 伤员现场急救所需的药品及器械；所在地区可能发生的传染病、流行病预防及治疗药品；医院联系信息等。

② 供本单位人员2周使用的食品、水及生活必需品。

③ 人员撤离、转移、疏散的路径、地图、交通工具。

④ 个人应急逃生包。

（4）各海外单位保证应急物资随时可用，并每年更新一次应急物资信息。

（5）各海外单位应设立应急储备金，保证本单位应急需求。

# 第五章　工作外安全管理

## 第一节　基本要求

海外项目应根据所在地自然环境、社会安全等实际情况，对工作外安全风险进行动态识别与评估，识别和评估的范围包括但不限于：

（1）员工驻地（包括员工公寓、营地和其他居住地点）内可能引发员工伤害事件的风险。

（2）员工工作外驾乘交通工具可能引发伤害事件的风险。

（3）员工工作外在公共场所可能引发伤害事件的风险。

（4）业余文体活动可能引发伤害事件的风险。

（5）因公共卫生、流行疾病、员工健康等原因导致健康事件的风险。

海外项目应针对工作外安全风险的评估结果制订和落实相应的预防和控制措施，并对预防和控制措施的有效性进行跟踪验证，及时加以改进。

海外项目应建立工作外风险告知制度。将工作外安全风险和预防控制措施及时告知每一位员工（包括本单位员工和临时到本单位出差或工作的人员），并取得员工遵守工作外安全规定的承诺。

海外项目应开展员工工作外安全知识培训与宣传，适时对员工进行工作外安全知识培训，通过网络、宣传栏等信息平台和经验分享等方式进行工作外安全知识宣传教育。培训宣传的内容包括但不限于以下方面：防恐安全、消防安全、交通安全、公共场所安全、运动安全、防灾知识、人机工程、风俗礼仪、突发事件应对、心理健康、疾病预防、基础急救等。

员工应熟悉本单位工作外安全管理要求并严格遵守，主动学习工作外安全知识，提高自身安全意识和防范技能。

发生工作外伤害事件，应进行应急处置与报告，并开展事件调查，制订和落实整改措施。事件的经验教训应在公司范围内分享。

## 第二节 驻地安全

### 一、治安保卫

海外项目应尽量安排中方员工集中住宿，统一管理；驻地安全管理应严格按照中国石油社会安全管理体系有关程序文件要求执行，配备足够的保安人员，设置视频监控及门禁等物防系统，做好日常维护和定期检查，严格人员及车辆的进出管理。

### 二、消防安全

海外项目应确保驻地各种消防设施配备齐全，有效运行或备用；定期进行消防安全隐患排查和消防设施检查；禁止在驻地内燃放烟花；至少每半年组织一次消防疏散演练。员工应做到：

（1）熟知驻地消防安全设施、安全通道和紧急集合点等相关安全系统，参加应急疏散演练。

（2）遵守驻地吸烟管理规定，不在禁烟区吸烟。

（3）选用合格电气产品，不违规使用电器，不私接电线，充电设备充电完毕后应及时切断电源。

（4）严禁在宿舍内使用明火，禁用蜡烛、酒精炉、煤油炉、熏香类物品。

（5）不损坏、挪用或擅自拆除消防设施及器材。

（6）厨房工作人员应遵守厨房用火、用电安全规定，严格执行燃气、用电设备操作程序，各种燃气、电气炉灶工作期间，严禁无人看守，做到人走关闭电源、气源，熄灭明火。

## 三、日常活动安全

海外项目应保持驻地环境整洁有序，及时清理杂物和生活垃圾，在可能造成人员跌倒、碰伤的部位设置明显的安全标识。员工应做到：

（1）严格按照电梯操作规定使用电梯。

（2）上下楼梯手扶扶手，不在楼梯间及走廊跑、跳。

（3）严禁踩踏洗脸台、坐便器等不可靠物件登高，以防跌落摔伤。

（4）正确使用各种电气产品，不擅自维修电气设备，避免触电危险。

（5）注意卫生间和浴室防滑，正确使用饮水机和热水器，防止烫伤。

（6）做好防蚊虫措施，不接触未经卫生防疫的动物，禁养宠物。

## 四、特殊天气安全

如遇雨雪、雷电、大风、沙暴、高温、严寒等天气情况，海外项目应做好动态跟踪，制订针对性的应对措施并及时告知员工，尽量减少员工外出。

（1）雨雪天气应及时清理地面积水、积雪。

（2）雷电天气应遵守防雷安全，关闭电视、电脑等电器，不使用室外天线，不在室外接打手机。

（3）大风、沙暴天气应提前固定或收回室外摆放物品，防止坠落伤人。

（4）高温天气应注意防暑降温。

（5）严寒天气应注意保暖防冻。

# 第三节　出行安全

员工出行应严格履行本单位外出管理规定，严禁私自外出，尽量避免单独外出。

外出着装和行为举止得当，充分尊重当地风俗习惯；保持低调，不显露贵重物品，随身携带有效证件、应急联系信息和少量当地货币。

严禁赴危险、敏感场所；严禁参加当地宗教、党派、社会团体的集会、游行等活动；在公共场所或与当地人交谈时，禁止谈论有关当地政治、宗教等敏感话题。不在政府机构所在地、军队驻地等敏感区域拍照，未经许可不要拍摄军警人员。

严格控制中方员工驾车，中方员工驾车应履行相关审批程序，严格遵守当地交通法规，认真落实公司交通安全管理“七个严禁”；发生交通事故要及时报告所在公司车辆管理部门，积极配合当地交通安全管理部门进行调查处理，保持低调、冷静，避免与交通事故涉及方发生冲突。

人员外出尽量避免乘坐公共交通工具，必须乘坐时，应选择车况良好的出租车或其他正规的公共交通工具，不在偏僻地点下车，下车时索要票据。

外出购物应尽量使用银行信用卡、支票等非现金结算方式，若携带大量现金购物，应分开存放，付款时注意周围情况，避免引人注目。

外出就餐、观看演出、比赛等活动，应遵守场地有关安全规定，预先熟知应急通道位置，以便在紧急情况下自救和逃生。

遇到警察等执法人员检查时，礼貌、理智应对，按要求出示合法证件。如果被要求去警察局等机构，应首先报告单位直线领导。

遇到自然灾害、社会安全等突发事件，应沉着冷静，按照本单位应急程序报告和求助，同时采取有效的自救措施。

## 第四节　文体活动安全

单位组织大型文艺、体育活动应制订安全措施和应急处置方案，活动期间应保持良好秩序，避免扰民。

单位修建的运动场地、配备的运动设施和器材应符合安全标准。

员工参加体育运动前应知晓该运动项目的风险，穿戴合适的防护用具，做好热身运动，运动中避免不规范或野蛮动作。

严禁患有高血压、心脏病等有运动禁忌疾病的患者或身体不适者参加高强度体育运动。

严禁员工参加非单位统一组织的郊外徒步、自行车、滑雪、野营和垂钓等活动；严禁私自赴未对公众开放的山区和丛林进行郊游、健身活动。

严禁在偏僻、陌生、昏暗或社会治安环境差的路段散步或锻炼，避免长期有规律地按固定路线和时间进行户外锻炼。

游泳应至少两人以上同行；严禁到河流、池塘、水库及未经开发的海滩游泳；严禁到无专业救生人员值守的游泳池深水区游泳；严禁酒后或身体不适时游泳。

## 第五节　员工健康

### 一、疾病防治

海外项目应对所在地传染病、流行病及其他健康危害进行识别和评估，配备满足需求的医疗资源，确保疾病预防与控制措施到位，医疗应急救助程序畅通。员工应了解常见疾病的症状，按规定进行预防接种，感觉身体不适时及时报告直线领导并尽快就医。

### 二、餐饮卫生

海外项目应建立并执行明确且满足标准要求的食品采购、储存、加工、垃圾处理及厨房、餐具消毒的卫生管理规定，餐饮服务人员应符合法规规定的健康要求，严禁员工食用过期、变质及来历不明的食品。

### 三、饮酒安全

禁止在酒精禁忌场所饮酒，禁止过量饮酒、酗酒、劝酒。非节假日原则上禁止饮酒，身体条件不适合饮酒的人员应自觉禁酒。

## 四、健康体检

员工应按公司规定按时参加健康体检，对查出的健康隐患或早期症状及时检查、治疗。如员工认为自身身体状况不适应海外工作，应及时向单位报告，单位根据员工健康体检结果和公司健康管理有关规定妥善处理。

## 五、员工压力、情绪管理

海外项目应关注员工心理健康，建立员工心理健康促进和心理危机干预机制。高、中层管理人员应掌握心理危机干预的基本知识和EAP（员工心理帮助计划）转介途径，对情绪异常人员应主动干预，鼓励员工使用 EAP 热线及咨询服务。

# 第六章　社会安全检查和管理体系量化审核

## 第一节　审　　核

### 一、审核依据和频次

社会安全管理体系的审核应依据被审核单位所在国家的法律法规及有关要求、合同有关要求、中国石油的要求、行业标准及国际惯例进行。

各涉外企业和海外项目每年至少应组织一次社会安全管理体系内部审核。

涉外企业每三年至少组织一次对海外单位的社会安全管理工作的全覆盖审核。对于处于高风险Ⅱ级及以上国家（地区）项目，涉外企业每年组织开展一次审核。

### 二、审核前准备

社会安全管理体系审核应做到：

（1）具备审核方案。

（2）编制审核检查表。

（3）审核人员具备资质。

### 三、审核组组建

依据年度审核工作计划，审核组织方应提前2个月组建审核组。审核组由3～5名成员组成。其中包括1名审核组组长。

审核组组长应具备五年以上社会安全管理工作经验，并具备较强的组织协调能力。

审核组成员必须具备社会安全管理体系审核资质，并了解受审项目所在国法律法规和主要威胁。

## 四、审核计划编制

审核组长负责组织编制审核计划，在审核前6周将正式的审核计划传递至受审核方。审核计划的内容至少包括以下方面：

（1）审核目的。

（2）审核范围。

（3）审核依据。

（4）审核方法。

（5）审核组人员组成。

（6）要求与注意事项。

（7）其他应说明的情况。

## 五、资料收集

受审方接到审核计划和方案后，应在三周前向审核组提交如下资料：

（1）审核的日程安排。

（2）单位基本情况介绍，包括单位组织机构及社会安全管理机构。

（3）单位社会安全管理计划和安保管理方案。

（4）单位社会安全管理体系程序文件框架及程序文件清单。

（5）安保力量组成及其分布情况。

（6）中方员工防恐安全培训取证情况。

（7）社会安全应急预案等。

（8）项目所在国相关法律法规清单和重点描述。

（9）上次审核报告，包括所有审核发现、整改和验证材料。

（10）其他需要的材料。

审核组在出发前，应做好以下准备工作：

（1）编制审核用的各种记录表格，包括审核检查表、访问记录表、审核报告样式等。

（2）开展审核组内部培训，主要培训项目所在国家的有关法律法规、主要威胁等内容。

## 六、审核实施

### 1. 首次会议

审核组长在受审核方现场主持召开首次会议，受审核方主要领导、社会安全主管领导及其相关部门负责人参加。到会人员应有签到记录。

首次会议主要内容包括：

（1）阐明审核目的和范围。

（2）确认审核计划。

（3）沟通有关细节，与受审核方达成一致意见。

（4）确定受审核方的审核联络人员。

（5）确定有关要求和注意事项。

### 2. 收集审核证据

（1）受审核方积极配合审核组成员按照计划实施审核。

（2）通过采取现场观察、资料查阅、访谈交流等方式，收集受审核方社会安全管理工作的材料。

（3）审核组成员使用审核清单，如实记录审核发现。

### 3. 沟通

（1）在审核过程中，审核组对当天的审核工作进行总结。

（2）当发现重大社会安全或其他严重安全威胁时，审核人员应立即向受审方通报。

（3）审核过程中，如需调整审核范围或变更审核工作计划时，审核组组长应及时向受审核方说明，并取得一致意见。

### 4. 审核发现和审核结论

（1）审核组对收集到的审核证据进行梳理，对照审核准则评价审核证据，以形成审核发现，审核发现分为项目突出做法、不符合项。

（2）审核组组长应组织审核组成员对不符合项进行深入分析，找出不符合项的深层次管理原因。

（3）审核组应就不符合项与受审核单位进行讨论，确认审核发现的真实性，充分性和准确性，以确保审核结果的客观性和公平性。

5. 末次会议

在现场审核结束后，审核组组长主持召开审核末次会议。与受审核方交流，包括：

（1）简述主要的审核发现及其原因。

（2）宣读审核结论。

（3）对不符合发现提出整改建议。

（4）受审核方主要领导发言表态，承诺采取整改措施和反馈。

6. 审核报告

审核报告是对审核发现的问题汇总、分析、归纳、总结。由审核组组长组织编写审核报告，审核组组长对审核报告的准确性和完整性负责。

审核报告应包括如下内容：

（1）审核目的。

（2）审核范围。

（3）审核依据。

（4）审核过程概述（审核日期、审核组组成、审核内容）。

（5）审核发现：

① 受审核方社会安全管理突出做法。

② 审核发现的不符合项。

（6）审核结论［根据量化打分（表 1–6–2）结果，审核结论分为：优秀、良好、及格、不可接受］。

（7）改进建议。

（8）受审核方对后续改进的支持表态。

（9）审核组成员、受审核方领导签字。

（10）附件，包括重大不符合项的有关详细资料等。

审核报告应在召开审核末次会议 4 周内提交给审核委托方和受审核单位。

7. 纠正措施的制订与实施

受审核方应针对审核发现的不符合项进行原因分析，按照社会安全管理体系要素的要求，找出不符合项的直接原因和管理原因，制订整改措施计划书，包括不符合项描述、整改措施、责任部门、完成日期、跟踪验证人员等。

受审核方的上级单位应监督整改措施的落实情况，将整改结果定期向审核组上报备案。整改措施的落实情况要有文字描述和照片验证。

对不符合项涉及的管理层原因，由受审核方管理层向审核组做出落实情况的汇报。

在下次审核时，审核组应对本次不符合关闭的有效性进行现场验证，确保类似的不符合没有再次发生。

## 第二节　检　　查

海外项目应制定社会安全管理检查制度。

### 一、检查类型

本程序的社会安全检查是指针对项目设施或相关人员的行为开展的监督和检查活动，包括以下三种类型。

（1）定期检查：按照规定的频次开展的社会安全检查。

（2）不定期检查：在考虑社会安全风险级别的变化、项目进展情况、重大节假日、重大活动和其他情况的前提下，临时组织的社会安全检查。

（3）日常检查：各级人员开展的经常性的社会安全检查。

### 二、检查频次

涉外企业每年至少组织一次对高风险Ⅱ级及以上国家（地区）项目的检查，海外企业每半年至少组织一次检查，高风险Ⅱ级及以上国家（地区）项目每季度至少开展一次自查。

### 三、检查的实施

海外地区公司总经理每半年带队做一次社会安全检查。

海外项目经理每季度带队做一次社会安全检查。

被检查单位应针对发现的问题进行原因分析，制订并实施相应的纠正措施。

## 第三节　审核与检查结论

审核与检查工作可分别参照表1–6–2与表1–6–3至表1–6–8，编制审核与检查表，开展量化审核。

高风险国家项目社会安全体系量化审核满分在300～450分之间。最终结论，用得分率换算为100分制。

审核结论：根据上述得分情况，计算得分率。

极差：得分率小于50%；

差：得分率大于或等于50%，且小于60%；

及格：得分率大于或等于60%，且小于75%；

良好：得分率大于或等于75%，且小于90%；

优秀：得分率大于或等于90%。

例如，对高风险I级项目审核时，满分应是360分。如果实际得分为300分，换算为100分制后，其得分是83.33，属于良好级别。又如，对极高风险I级项目审核时，满分应是450分。如果实际得分为300分，换算为100分制后，其得分是66.67，属于差。

如果检查多个现场，发现其中一个现场存在不达标的条款，该条款不得分。如果发现某一条款部分不符合标准要求，该条款不得分。例如，周界有视频监控系统，但不能实现重叠覆盖，该条款 0 分；CPF 周界 2m 高，有互联金属框架，上、中、下有三个横梁，但上方带刺滚网不达标，该条款得 0 分。

表 1–6–1 为审核项赋值表。

**表 1–6–1　审核项赋值表**

| 审核项 | 分值 |
|---|---|
| 政府参与与义务 | 12 |
| 社会安全政策 | 16 |
| 风险评估 | 24 |
| 合规管理 | 8 |
| 目标和指标 | 8 |
| 社会安全管理方案 | 8 |
| 组织机构和职责 | 8 |
| 能力与培训 | 22 |
| 协商与沟通 | 14 |
| 文件与记录 | 2 |
| 安保力量管理 | 16 |
| 基本管理与设施安全 | 60～210 |
| 变更管理 | 8 |
| 应急反应 | 32 |
| 检查 | 12 |
| 事件管理 | 24 |
| 审核与评审 | 16 |
| 合计 | |
| 得分率 | |

社会安全管理体系审核检查表见表 1–6–2。

**表 1–6–2 社会安全管理体系审核检查表**

| 审核项目 | 序号 | 审核内容 | 标准分 | 实得分 |
|---|---|---|---|---|
| 政府参与和义务 | 1 | 军队或警察等强力部门是否给予支持？根据需要给予支持 4 分；给予支持，但不满足实际需要给 1～3 分 | 4 | |
| | 2 | 与项目相关的社会安全事件破案率高于 80%（2 分）；高于 95%（4 分） | 4 | |
| | 3 | 项目管理层对当地政府的影响力。根据实际情况给 1～4 分 | 4 | |
| 社会安全政策 | 4 | 项目社会安全政策包含中国石油和 CNODC 全部内容。该项为否决项，如果不全部包括，得 0 分，并且第 5～7 项也是 0 分。如全部包括，给 8 分 | 8 | |
| | 5 | 项目社会安全政策主要负责人签字（2 分），并张贴（2 分） | 4 | |
| | 6 | 项目社会安全政策有培训考核记录。没有考核，得 0 分 | 2 | |
| | 7 | 项目社会安全政策告知承包商等相关方。发现一家没有被告知，该项得 0 分 | 2 | |
| 风险评估 | 8 | 项目是否有风险管理程序或制度。该项为否决项，如果没有，得 0 分，并且第 9～13 项也是 0 分。如果有，给 4 分 | 4 | |
| | 9 | 持续进行社会安全信息收集和分析。做了并且有记录，给 2 分；做了并且在上报的日报或周报中有体现给 2 分 | 4 | |
| | 10 | 风险评估按照规定的时间定期开展。现场查阅连续 3 年的风险评估报告，缺一次，不给分 | 4 | |
| | 11 | 风险评估结果符合当地、当时实际情况 | 2 | |
| | 12 | 风险评估报告组织内部审核（1 分），上报流程明确（1 分） | 2 | |
| | 13 | 依据风险清单，编制了安保方案。无风险清单，给 0 分。安保方案对风险清单中的前 3 位风险均有处置方案，给 8 分；否则，酌情给分 | 8 | |

续表

| 审核项目 | 序号 | 审核内容 | 标准分 | 实得分 |
|---|---|---|---|---|
| 法律法规及其他要求 | 14 | 是否有资源国相关法规清单 | 2 | |
| | 15 | 是否有CNPC和CNODC相关制度和程序清单。缺CNPC，或者缺少CNODC相关制度和程序清单不给分 | 4 | |
| | 16 | 完成了合规评价 | 2 | |
| 目标和指标 | 17 | 结合本单位实际，建立相应的社会安全管理目标和指标 | 4 | |
| | 18 | 实现了年度目标和指标 | 4 | |
| 社会安全管理方案 | 19 | 有社会安全管理计划或者社会安全管理体系手册 | 8 | |
| | 20 | 社会安全管理计划或者社会安全管理体系手册内容全面 | 4 | |
| 组织机构和职责 | 21 | 按规定成立了社会安全管理组织机构，机构设置合理 | 4 | |
| | 22 | 关键岗位社会安全管理职责明确、清晰 | 4 | |
| 能力与培训 | 23 | 关键岗位社会安全能力任职要求明确；组织对关键岗位人员进行了能力评估。每项得2分 | 4 | |
| | 24 | 操作和管理人员防恐取证率分别达100%。有1名不合格，得0分 | 8 | |
| | 25 | 全员社会安全培训矩阵或详细计划 | 2 | |
| | 26 | 依据培训计划实施了培训。有培训记录得2分，有考核记录得2分 | 4 | |
| | 27 | 抽查5名以上中方员工，现场闭卷考试。有1人不及格，得0分；全部得分在60分以上，得2分；全部得分在85分以上，得4分 | 4 | |
| 协商与沟通 | 28 | 有关社会安全管理，及时与员工、当地政府及相关方进行协商 | 4 | |
| | 29 | 协商后形成的决议得到落实 | 4 | |
| | 30 | 相关的第三方可以从业主及时得到社会安全的最新信息 | 2 | |
| | 31 | 员工及相关方参与制修订社会安全管理规定或程序 | 4 | |

续表

<table>
<tr><th>审核项目</th><th>序号</th><th>审核内容</th><th>标准分</th><th>实得分</th></tr>
<tr><td rowspan="4">文件与记录控制</td><td>32</td><td>相关岗位能获得与之有关的社会安全管理体系文件</td><td>2</td><td></td></tr>
<tr><td>33</td><td>基层单位使用的社会安全管理体系文件均为有效版本</td><td>2</td><td></td></tr>
<tr><td>34</td><td>各项社会安全管理记录填写清晰，数据完整</td><td>2</td><td></td></tr>
<tr><td>35</td><td>各项社会安全管理记录保存环境适宜，记录得到妥善保管</td><td>2</td><td></td></tr>
<tr><td rowspan="3">安保力量管理</td><td>36</td><td>按照规定的要求配备了适当的安保力量</td><td>8</td><td></td></tr>
<tr><td>37</td><td>安保人员是否具备相应的社会安全意识</td><td>4</td><td></td></tr>
<tr><td>38</td><td>安保人员履行社会安全职责</td><td>4</td><td></td></tr>
<tr><td rowspan="6">基本管理与设施安全</td><td rowspan="6">39</td><td rowspan="6">执行中国石油高风险及以上级别国家（地区）项目社会安全管理最低要求。根据项目所在国家或地区的社会安全风险级别，依次满分给予不同分值：高Ⅲ级60分；高Ⅱ级90分；高Ⅰ级120分；极高Ⅲ级150分；极高Ⅱ级180分；极高Ⅰ级210分。打分细则见表1–6–3至表1–6–8。</td><td>60</td><td rowspan="6"></td></tr>
<tr><td>90</td></tr>
<tr><td>120</td></tr>
<tr><td>150</td></tr>
<tr><td>180</td></tr>
<tr><td>210</td></tr>
<tr><td rowspan="2">变更管理</td><td>40</td><td>变更管理制度或程序。有，4分；否则，0分</td><td>4</td><td></td></tr>
<tr><td>41</td><td>变更程序或制度得到有效落实。有证据4分，没有证据0分</td><td>4</td><td></td></tr>
<tr><td rowspan="7">应急反应</td><td>42</td><td>应急管理制度或程序。有，4分；否则，0分</td><td>4</td><td></td></tr>
<tr><td>43</td><td>预警管理流程或程序或规定。有，4分；否则，0分</td><td>4</td><td></td></tr>
<tr><td>44</td><td>突发事件应急组织机构和职责，有机构，4分；有职责，4分</td><td>8</td><td></td></tr>
<tr><td>45</td><td>项目社会安全突发事件应急预案有正式发布痕迹</td><td>4</td><td></td></tr>
<tr><td>46</td><td>应急响应与社会安全风险清单中的风险有合适的对应关系</td><td>4</td><td></td></tr>
<tr><td>47</td><td>应急演练计划（2分），应急演练总结（2分）</td><td>4</td><td></td></tr>
<tr><td>48</td><td>24h应急值班电话和卫星电话。现场用卫星电话拨打24h应急值班电话。能通话，4分；否则0分</td><td>4</td><td></td></tr>
</table>

续表

| 审核项目 | 序号 | 审核内容 | 标准分 | 实得分 |
|---|---|---|---|---|
| 检查 | 49 | 制定了项目管理层社会安全检查制度（2分），并落实（2分） | 4 | |
| | 50 | 制订了日常检查计划（2分），并落实（2分） | 4 | |
| | 51 | 针对检查出来的问题，进行跟踪整改。无整改记录，0分 | 4 | |
| 事件管理 | 52 | 报告所有发生的社会安全事件，包括未遂事件。如发现一起未报，该项0分 | 8 | |
| | 53 | 对社会安全事件进行调查（2分），并进行分享（2分） | 4 | |
| | 54 | 社会安全事件上报程序或流程 | 4 | |
| | 55 | 按规定上报社会安全事件，发现一起迟报或瞒报，该项0分 | 8 | |
| 审核与评审 | 56 | 项目内审。有记录2分，有内审发现问题整改记录2分 | 8 | |
| | 57 | 组织项目管理评审，并有纪要 | 8 | |
| 总计 | | | | |

设施安全检查审核清单（高Ⅲ级风险）见表1-6-3。

**表1-6-3　基本管理与设施安全检查审核清单（高Ⅲ级风险）**

| 序号 | 项目 | | | 要求 | 高Ⅲ级 | 标准分值 | 实际得分 |
|---|---|---|---|---|---|---|---|
| 1 | 基本管理 | 人员 | 主要管理人员 | 任职前应在高Ⅲ级及以上风险等级国家至少有两年工作经历且符合相关能力要求 | | 1 | |
| 2 | | | 管理人员 | 任职前应在低一级风险等级国家至少有三年工作经历且符合相关能力要求 | | 1 | |
| 3 | | | 社会安全管理人员 | 应有社会安全专、兼职管理人员 | 专/兼职 | 1 | |
| 4 | | 绩效 | 事件 | 未因自身管理原因发生Ⅰ级、Ⅱ级社会安全事件或中国石油通报批评 | 0.5a | 2 | |

续表

| 序号 | 项目 | | | 要求 | 高Ⅲ级 | 标准分值 | 实际得分 |
|---|---|---|---|---|---|---|---|
| 5 | 基本管理 | 绩效 | 信息报送 | 应按要求上报社会安全信息日 / 周报，内容符合要求 | 周报 | 2 | |
| 6 | | | 风险评估 | 已有项目每年应至少进行一次评估 | ● | 1 | 1 |
| 7 | | | 安保投入 | 合同中有明确的安保投入要求，且能达到中国石油安保管理要求 | ● | 1 | 1 |
| 8 | 设施安全 | 规划 | 野外营地停车位 | 为外访者提供充裕的停车位 | ● | 1 | |
| 9 | | | | 外访者停车区域应设置在营地之外，在入口岗哨的视线之内 | ● | 1 | |
| 10 | | | 空中走廊 | 野外固定营地的规划与布局设置飞机起降区域（或与临近单位共享） | ● | 1 | |
| 11 | | | 周界缓冲区 | 野外固定营地周界缓冲区内不允许出现外部建筑和社区住所 | 10m | 2 | |
| 12 | | | 敏感目标距离 | 距离当地敏感目标不小于 100m | ● | 1 | |
| 13 | | | 远离公共道路安全距离 | （野外营地）远离公共道路安全距离 | 100m | 2 | |
| 14 | | 周界 | 周界外围 | 营地周界围栏外部视野应无阻碍物，植物应被清除 | 5m | 1 | |
| 15 | | | 围栏 | 野外固定营地周界应设置围栏或围墙，围栏至少应满足：<br>——高度不低于 2m 的互连金属围栏；<br>——应有横向的支撑线绷紧（上、中、下）；<br>——支撑柱坚固耐用，间距应不超过 5m； | ● | 4 | |

续表

<table>
<tr><th>序号</th><th colspan="3">项目</th><th>要求</th><th>高Ⅲ级</th><th>标准分值</th><th>实际得分</th></tr>
<tr><td>15</td><td rowspan="6">设施安全</td><td rowspan="3">周界</td><td>围栏</td><td>——顶部设立高约0.5m的带刺铁丝网或者蛇腹形铁丝网，围栏的底部设立卷带马口铁</td><td>●</td><td>4</td><td></td></tr>
<tr><td>16</td><td>壕沟</td><td>半干旱环境中野外固定营地的围栏外应设有壕沟，满足以下要求：<br>——营地周界围栏外部应设壕沟，宽2m，深2m。壕沟外设防护设施；<br>——围栏之内设2m高的护坡/沙坝/土堤岸和狭道；<br>——护坡/沙坝/土堤岸至少要高2m，宽3m（如设有T型防弹墙可不设置护坡）</td><td></td><td>2</td><td></td></tr>
<tr><td>17</td><td>警戒塔/岗哨</td><td>周界至少设有4个警戒塔/岗哨，可移动或固定式均可，警戒塔/岗哨应能控制四周的环境并且能进行360°观察，塔间的最大间距为250m。如警戒塔/岗哨不可行，则应在护坡的顶部放置掩体（桑格）</td><td>●</td><td>1</td><td></td></tr>
<tr><td>18</td><td rowspan="3">出入口</td><td>车辆缓冲阻碍设置</td><td></td><td>防撞减速装置</td><td>1</td><td></td></tr>
<tr><td>19</td><td rowspan="2">车辆检查</td><td>野外营地的大门设置能有效控制车流的横杆或其他控制车流的设施</td><td>●</td><td>1</td><td></td></tr>
<tr><td>20</td><td>野外固定营地入口处有2个落下式栏杆，用以在允许车辆进入前隔离检查车辆</td><td>●</td><td>1</td><td></td></tr>
</table>

续表

| 序号 | 项目 | | | 要求 | 高Ⅲ级 | 标准分值 | 实际得分 |
|---|---|---|---|---|---|---|---|
| 21 | 设施安全 | 出入口 | 车辆检查 | 入口区域应设有全天候值守的守卫岗位。在主入口处应对所有的机动车辆进行检查，核查驾驶人员带照片的身份证明。发放必要的通行证来控制载货车辆的外出 | ● | 1 | |
| 22 | | | 身份识别系统 | 人员的出入控制应由保安或“通行系统”进行身份识别、实名登记 | ● | 1 | |
| 23 | | | 智能门禁控制系统 | 营地内核心区建筑物应安装智能门禁控制系统（针对永久性营地） | ● | 1 | |
| 24 | | 照明 | 野外营地基础照明系统 | 应保证照明充分，照明灯具的安装和配置应确保照明区域光线充分，两灯之间距地面高度1m处的最低照度不应低于20lx（勒克斯） | ● | 1 | |
| 25 | | 避难所 | 避难所设施 | 野外营地设置避难所应满足《海外营地安全防范工程建设规范》且防烟、防水 | ● | 1 | |
| 26 | | 电子安全系统 | 监控摄像 | 监控摄像头清晰度至少为480线，安装距地面4～5m，且能提供重叠覆盖无盲区 | ● | 4 | |
| 27 | | | 中央监控室 | 有中央监控室且监控数据存储系统（30d以上） | ● | 1 | |
| 28 | | | 中控室设置 | 视频监控智能软件分析系统，并可进行远程网络监控 | | 1 | |
| 29 | | | 周界入侵探测 | 安装红外线、激光探测或其他相同功能入侵探测系统 | | 1 | |
| 30 | | 安全警报 | 警报系统设计 | 营地应设置安全警报系统，并且声音区别于火警系统。 | ● | 4 | |

续表

| 序号 | 项目 | | | 要求 | 高Ⅲ级 | 标准分值 | 实际得分 |
|---|---|---|---|---|---|---|---|
| 31 | 设施安全 | 安全警报 | 警报系统设计 | 报警扬声器应安装在从地面看不见的位置上，如营房顶部。在保安的岗哨、广播室、经理室、财务室等区域都应设有警报按钮 | ● | 1 | |
| 32 | | 通信设备 | 通信工具 | 野外营地至少应配备3种有效通信工具，其中一种必须是卫星电话 | ● | 4 | |
| 33 | 保安力量 | 值班模式 | | | 每日采用（2班 ×12h） | 1 | |
| 34 | | 保安配备情况 | 出入口车辆行人的控制 | | 2名保安检查，2名负责警戒 | 1 | |
| 35 | | | 警戒塔 | | 4个警戒塔，每个警戒塔1名保安 | 1 | |
| 36 | | | 巡逻 | | 2名保安 | 1 | |
| 37 | | | 防护区域入口通道 | | 1名保安 | 1 | |
| 38 | | | 车辆护卫队 | | | 1 | |
| 39 | | | 值班主管 | | 1人 | 1 | |
| 40 | | | 指挥官 | | 1名指挥官 | 1 | |
| 41 | 旅途管理 | 设施配备 | 定位系统 | 车辆动态实时追踪和定位系统 | | 1 | |
| 42 | | | 人员定位 | 人员追踪和定位系统 | | 1 | |
| 43 | | | 防弹车 | 定制或改造 | | 1 | |
| 合计 | | | | | 60 | | |

注：表中●表示此项内容适用于该风险等级；无●则表示不适用于该风险等级。

设施安全检查审核清单（高Ⅱ级风险）见表 1-6-4。

**表 1-6-4 基本管理与设施安全检查审核清单（高Ⅱ级风险）**

| 序号 | 项目 | | | 要求 | 高Ⅱ级 | 标准分值 | 实际得分 |
|---|---|---|---|---|---|---|---|
| 1 | 基本管理 | 人员 | 主要管理人员 | 任职前应在高Ⅲ级及以上风险等级国家至少有两年工作经历且符合相关能力要求 | ● | 1.5 | |
| 2 | | | 管理人员 | 任职前应在低一级风险等级国家至少有三年工作经历且符合相关能力要求 | ● | 1.5 | |
| 3 | | | 社会安全管理人员 | 应有社会安全专、兼职管理人员 | 专 / 兼职 | 1.5 | |
| 4 | | 绩效 | 事件 | 未因自身管理原因发生Ⅰ级、Ⅱ级社会安全事件或中国石油通报批评 | 0.5 年 | 3 | |
| 5 | | | 信息报送 | 应按要求上报社会安全信息日 / 周报，内容符合要求 | 周报 | 3 | |
| 6 | | | 风险评估 | 已有项目每年应至少进行一次评估 | ● | 1.5 | |
| 7 | | | 安保投入 | 合同中有明确的安保投入要求，且能达到中国石油安保管理要求 | ● | 1.5 | |
| 8 | 设施安全 | 规划 | 野外营地停车位 | 为外访者提供充裕的停车位 | ● | 1.5 | |
| 9 | | | | 外访者停车区域应设置在营地之外，在入口岗哨的视线之内 | ● | 1.5 | |
| 10 | | | 空中走廊 | 野外固定营地的规划与布局设置飞机起降区域（或与临近单位共享） | | 1.5 | |
| 11 | | | 周界缓冲区 | 野外固定营地周界缓冲区内不允许出现外部建筑和社区住所 | 10m | 3 | |
| 12 | | | 敏感目标距离 | 距离当地敏感目标不小于 100m | ● | 1.5 | |
| 13 | | | 远离公共道路安全距离 | （野外营地）远离公共道路安全距离 | 100m | 3 | |

续表

| 序号 | 项目 | | | 要求 | 高Ⅱ级 | 标准分值 | 实际得分 |
|---|---|---|---|---|---|---|---|
| 14 | 设施安全 | 周界 | 周界外围 | 营地周界围栏外部视野应无阻碍物，植物应被清除 | 5m | 1.5 | |
| 15 | | | 围栏 | 野外固定营地周界应设置围栏或围墙，围栏至少应满足：<br>——高度不低于2m的互连金属围栏；<br>——应有横向的支撑线绷紧（上、中、下）；<br>——支撑柱坚固耐用，间距应不超过5m；<br>——顶部设立高约0.5m的带刺铁丝网或者蛇腹形铁丝网，围栏的底部设立卷带马口铁 | ● | 6 | |
| 16 | | | 壕沟 | 半干旱环境中野外固定营地的围栏外应设有壕沟，满足以下要求：<br>——营地周界围栏外部应设壕沟，宽2m，深2m。壕沟外设防护设施；<br>——围栏之内设2m高的护坡/沙坝/土堤岸和狭道；<br>——护坡/沙坝/土堤岸至少要高2m，宽3m（如设有T型防弹墙可不设置护坡） | | 3 | |
| 17 | | | 警戒塔/岗哨 | 周界至少设有4个警戒塔/岗哨，移动或固定式均可，警戒塔/岗哨应能控制四周的环境并且能进行360°观察，塔间的最大间距为250m。如警戒塔/岗哨不可行，则应在护坡的顶部放置掩体（桑格） | ● | 1.5 | |

续表

| 序号 | 项目 | | | 要求 | 高Ⅱ级 | 标准分值 | 实际得分 |
|---|---|---|---|---|---|---|---|
| 18 | 设施安全 | 出入口 | 车辆缓冲阻碍设置 | | 防撞减速装置 | 1.5 | |
| 19 | | | 车辆检查 | 野外营地的大门设置能有效控制车流的横杆或其他控制车流的设施 | ● | 1.5 | |
| 20 | | | | 野外固定营地入口处有2个落下式栏杆，用以在允许车辆进入前检查车辆时隔离车辆 | ● | 1.5 | |
| 21 | | | | 入口区域应设有全天候值守的守卫岗位。在主入口处应对所有的机动车辆进行检查，核查驾驶人员带照片的身份证明。发放必要的通行证来控制载货车辆的外出 | ● | 1.5 | |
| 22 | | | 身份识别系统 | 人员的出入控制应由保安或“通行系统”进行身份识别、实名登记 | ● | 1.5 | |
| 23 | | | 智能门禁控制系统 | 营地内核心区建筑物应安装智能门禁控制系统（针对永久性营地） | ● | 1.5 | |
| 24 | | 照明 | 野外营地基础照明系统 | 应保证照明充分，照明灯具的安装和配置应确保照明区域光线充分，两灯之间距地面高度1m处的最低照度不应低于20lx（勒克斯） | ● | 1.5 | |
| 25 | | 避难所 | 避难所设施 | 野外营地设置避难所应满足《海外营地安全防范工程建设规范》，且防烟、防水 | ● | 1.5 | |
| 26 | | 电子安全系统 | 监控摄像 | 监控摄像头清晰度至少为480线，安装距地面4～5m，且能提供重叠覆盖无盲区 | ● | 6 | |

续表

| 序号 | 项目 | | | 要求 | 高Ⅱ级 | 标准分值 | 实际得分 |
|---|---|---|---|---|---|---|---|
| 27 | 设施安全 | 电子安全系统 | 中央监控室 | 有中央监控室且监控数据存储系统（30d 以上） | ● | 1.5 | |
| 28 | | | 中控室设置 | 视频监控智能软件分析系统，并可进行远程网络监控 | | 1.5 | |
| 29 | | | 周界入侵探测 | 安装红外线、激光探测或其他相同功能入侵探测系统 | | 1.5 | |
| 30 | | 安全警报 | 警报系统设计 | 营地应设置安全警报系统，并且声音区别于火警系统 | ● | 6 | |
| 31 | | | | 报警扬声器应安装在从地面看不见的位置上，如营房顶部。在保安的岗哨、广播室、经理室、财务室等区域都应设有警报按钮 | ● | 1.5 | |
| 32 | | 通信设备 | 通信工具 | 野外营地至少应配备 3 种有效通信工具，其中一种必须是卫星电话 | ● | 6 | |
| 33 | 保安力量 | 值班模式 | | | 每日采用（2 班 ×12h） | 1.5 | |
| 34 | | 保安配备情况 | 出入口车辆行人的控制 | | 2 名保安检查，2 名负责警戒 | 1.5 | |
| 35 | | | 警戒塔 | | 4 个警戒塔，每个警戒塔 1 名保安 | 1.5 | |
| 36 | | | 巡逻 | | 2 名保安 | 1.5 | |
| 37 | | | 防护区域入口通道 | | 1 名保安 | 1.5 | |
| 38 | | | 车辆护卫队 | | | 1.5 | |

续表

| 序号 | 项目 | | | 要求 | 高Ⅱ级 | 标准分值 | 实际得分 |
|---|---|---|---|---|---|---|---|
| 39 | 保安力量 | 保安配备情况 | 值班主管 | | 1人 | 1.5 | |
| 40 | | | 指挥官 | | 1名指挥官 | 1.5 | |
| 41 | 旅途管理 | 设施配备 | 定位系统 | 车辆动态实时追踪和定位系统 | | 1.5 | |
| 42 | | | 人员追踪和定位系统 | 人员追踪和定位系统 | | 1.5 | |
| 43 | | | 防弹车 | 定制或改造 | | 1.5 | |
| 合计 | | | | | 90 | | |

注：表中●表示此项内容适用于该风险等级；无●则表示此项内容不适用于该风险等级。

设施安全检查审核清单（高Ⅰ级风险）见表1-6-5。

**表1-6-5 基本管理与设施安全检查审核清单（高Ⅰ级风险）**

| 序号 | 项目 | | | 要求 | 高Ⅰ级 | 标准分值 | 实际得分 |
|---|---|---|---|---|---|---|---|
| 1 | 基本管理 | 人员 | 主要管理人员 | 任职前应在高Ⅲ级及以上风险等级国家至少有两年工作经历且符合相关能力要求 | ● | 2 | |
| 2 | | | 管理人员 | 任职前应在低一级风险等级国家至少有三年工作经历且符合相关能力要求 | ● | 2 | |
| 3 | | | 社会安全管理人员 | 应有社会安全专、兼职管理人员 | 专/兼职 | 2 | |
| 4 | | 绩效 | 事件 | 未因自身管理原因发生Ⅰ级、Ⅱ级社会安全事件或中国石油通报批评 | 1年 | 4 | |
| 5 | | | 信息报送 | 应按要求上报社会安全信息日/周报，内容符合要求 | 日报 | 4 | |

续表

| 序号 | 项目 | | | 要求 | 高Ⅰ级 | 标准分值 | 实际得分 |
|---|---|---|---|---|---|---|---|
| 6 | 基本管理 | 绩效 | 风险评估 | 已有项目每年应至少进行一次评估 | ● | 2 | |
| 7 | | | 安保投入 | 合同中有明确的安保投入要求，且能达到中国石油安保管理要求 | ● | 2 | |
| 8 | 设施安全 | 规划 | 野外营地停车位 | 为外访者提供充裕的停车位 | ● | 2 | |
| 9 | | | | 外访者停车区域应设置在营地之外，在入口岗哨的视线之内 | ● | 2 | |
| 10 | | | 空中走廊 | 野外固定营地的规划与布局设置飞机起降区域（或与临近单位共享） | | 2 | |
| 11 | | | 周界缓冲区 | 野外固定营地周界缓冲区内不允许出现外部建筑和社区住所 | 10m | 4 | |
| 12 | | | 敏感目标距离 | 距离当地敏感目标不小于 100m | ● | 2 | |
| 13 | | | 远离公共道路安全距离 | （野外营地）远离公共道路安全距离 | 100m | 4 | |
| 14 | | 周界 | 周界外围 | 营地周界围栏外部视野应无阻碍物，植物应被清除 | 5m | 2 | |
| 15 | | | 围栏 | 野外固定营地周界应设置围栏或围墙，围栏至少应满足：<br>——高度不低于 2m 的互连金属围栏；<br>——应有横向的支撑线绷紧（上、中、下）；<br>——支撑柱坚固耐用，间距应不超过 5m；<br>——顶部设立高约 0.5m 的带刺铁丝网或者蛇腹形铁丝网，围栏的底部设立卷带马口铁 | ● | 8 | |

续表

| 序号 | 项目 | | | 要求 | 高Ⅰ级 | 标准分值 | 实际得分 |
|---|---|---|---|---|---|---|---|
| 16 | 设施安全 | 周界 | 壕沟 | 半干旱环境中野外固定营地的围栏外应设有壕沟，满足以下要求：<br>——营地周界围栏外部应设壕沟，宽 2m，深 2m。壕沟外设防护设施；<br>——围栏之内设 2m 高的护坡 / 沙坝 / 土堤岸和狭道；<br>——护坡 / 沙坝 / 土堤岸至少要高 2m，宽 3m（如设有 T 型防弹墙可不设置护坡） | ● | 4 | |
| 17 | | | 警戒塔 / 岗哨 | 周界至少设有 4 个警戒塔 / 岗哨，移动或固定式均可，警戒塔 / 岗哨应能控制四周的环境并且能进行 360° 观察，塔间的最大间距为 250m。如警戒塔 / 岗哨不可行，则应在护坡的顶部放置掩体（桑格） | ● | 2 | |
| 18 | | 出入口 | 车辆缓冲阻碍设置 | | 防撞减速装置 | 2 | |
| 19 | | | 车辆检查 | 野外营地的大门设置能有效控制车流的横杆或其他控制车流的设施 | ● | 2 | |
| 20 | | | | 野外固定营地入口处有 2 个落下式栏杆，用以在允许车辆进入前隔离检查车辆 | ● | 2 | |
| 21 | | | | 入口区域应设有全天候值守的守卫岗位。在主入口处应对所有的机动车辆进行检查，核查驾驶人员带照片的身份证明。发放必要的通行证来控制载货车辆的外出 | ● | 2 | |
| 22 | | | 身份识别系统 | 人员的出入控制应由保安或“通行系统”进行身份识别、实名登记 | ● | 2 | |

续表

| 序号 | 项目 | | | 要求 | 高Ⅰ级 | 标准分值 | 实际得分 |
|---|---|---|---|---|---|---|---|
| 23 | 设施安全 | 出入口 | 智能门禁控制系统 | 营地内核心区建筑物应安装智能门禁控制系统（针对永久性营地） | ● | 2 | |
| 24 | | 照明 | 野外营地基础照明系统 | 应保证照明充分，照明灯具的安装和配置应确保照明区域光线充分，两灯之间距地面高度1m处的最低照度不应低于20lx（勒克斯） | ● | 2 | |
| 25 | | 避难所 | 避难所设施 | 野外营地设置避难所应满足《海外营地安全防范工程建设规范》，且防烟、防水 | ● | 2 | |
| 26 | | 电子安全系统 | 监控摄像 | 监控摄像头清晰度至少为480线，安装距地面4～5m，且能提供重叠覆盖无盲区 | ● | 8 | |
| 27 | | | 中央监控室 | 有中央监控室且监控数据存储系统（30d以上） | ● | 2 | |
| 28 | | | 中控室设置 | 视频监控智能软件分析系统，并可进行远程网络监控 | | 2 | |
| 29 | | | 周界入侵探测 | 安装红外线、激光探测或其他相同功能入侵探测系统 | ● | 2 | |
| 30 | | 安全警报 | 报警系统设计 | 营地应设置安全警报系统，并且声音区别于火警系统 | ● | 8 | |
| 31 | | | | 报警扬声器应安装在从地面看不见的位置上，如营房顶部。在保安的岗哨、广播室、经理室、财务室等区域都应设有警报按钮 | ● | 2 | |
| 32 | | 通信设备 | 通信工具 | 野外营地至少应配备3种有效通信工具，其中一种必须是卫星电话 | ● | 8 | |
| 33 | 保安力量 | 值班模式 | | | 每日采用（2班×12h） | 2 | |

续表

<table>
<tr><th>序号</th><th colspan="3">项目</th><th>要求</th><th>高Ⅰ级</th><th>标准分值</th><th>实际得分</th></tr>
<tr><td>34</td><td rowspan="7">保安力量</td><td rowspan="7">保安配备情况</td><td>出入口车辆行人的控制</td><td></td><td>2名保安检查，2名负责警戒</td><td>2</td><td></td></tr>
<tr><td>35</td><td>警戒塔</td><td></td><td>4个警戒塔，每个警戒塔1名武装保安</td><td>2</td><td></td></tr>
<tr><td>36</td><td>巡逻</td><td></td><td>2名保安，其中1名武装保安</td><td>2</td><td></td></tr>
<tr><td>37</td><td>防护区域入口通道</td><td></td><td>1名保安</td><td>2</td><td></td></tr>
<tr><td>38</td><td>车辆护卫队</td><td></td><td></td><td>2</td><td></td></tr>
<tr><td>39</td><td>值班主管</td><td></td><td>2人</td><td>2</td><td></td></tr>
<tr><td>40</td><td>指挥官</td><td></td><td>2人，指挥官与副指挥官</td><td>2</td><td></td></tr>
<tr><td>41</td><td rowspan="3">旅途管理</td><td rowspan="3">设施配备</td><td>定位系统</td><td>车辆动态实时追踪和定位系统</td><td>●</td><td>2</td><td></td></tr>
<tr><td>42</td><td>人员追踪和定位系统</td><td>人员追踪和定位系统</td><td></td><td>2</td><td></td></tr>
<tr><td>43</td><td>防弹车</td><td>定制或改造</td><td></td><td>2</td><td></td></tr>
<tr><td colspan="5">合计</td><td colspan="3">120</td></tr>
</table>

注：表中●表示此项内容适用于该风险等级；无●则表示此项内容不适用于该风险等级。

设施安全检查审核清单（极高Ⅲ级风险）见表 1–6–6。

**表 1–6–6　基本管理与设施安全检查审核清单（极高Ⅲ级风险）**

| 序号 | 项目 | | | 要求 | 极高Ⅲ级 | 标准分值 | 实际得分 |
|---|---|---|---|---|---|---|---|
| 1 | 基本管理 | 人员 | 主要管理人员 | 任职前应在高Ⅲ级及以上风险等级国家至少有两年工作经历且符合相关能力要求 | ● | 2.5 | |
| 2 | | | 管理人员 | 任职前应在低一级风险等级国家至少有三年工作经历且符合相关能力要求 | ● | 2.5 | |
| 3 | | | 社会安全管理人员 | 应有社会安全专、兼职管理人员 | 专职 | 2.5 | |
| 4 | | 绩效 | 事件 | 未因自身管理原因发生Ⅰ级、Ⅱ级社会安全事件或中国石油通报批评 | 1 年 | 5 | |
| 5 | | | 信息报送 | 应按要求上报社会安全信息日 / 周报，内容符合要求 | 日报 | 5 | |
| 6 | | | 风险评估 | 已有项目每年应至少进行一次评估 | ● | 2.5 | |
| 7 | | | 安保投入 | 合同中有明确的安保投入要求，且能达到中国石油安保管理要求 | ● | 2.5 | |
| 8 | 设施安全 | 规划 | 野外营地停车位 | 为外访者提供充裕的停车位 | ● | 2.5 | |
| 9 | | | | 外访者停车区域应设置在营地之外，在入口岗哨的视线之内 | ● | 2.5 | |
| 10 | | | 空中走廊 | 野外固定营地的规划与布局设置飞机起降区域（或与临近单位共享） | ● | 2.5 | |
| 11 | | | 周界缓冲区 | 野外固定营地周界缓冲区内不允许出现外部建筑和社区住所 | 50m | 5 | |
| 12 | | | 敏感目标距离 | 距离当地敏感目标不小于 100m | ● | 2.5 | |
| 13 | | 周界 | 远离公共道路安全距离 | （野外营地）远离公共道路安全距离 | 200m | 5 | |

续表

<table>
<tr><th>序号</th><th colspan="3">项目</th><th>要求</th><th>极高Ⅲ级</th><th>标准分值</th><th>实际得分</th></tr>
<tr><td>14</td><td rowspan="4">设施安全</td><td rowspan="4">周界</td><td>周界外围</td><td>营地周界围栏外部视野应无阻碍物，植物应被清除</td><td>10m</td><td>2.5</td><td></td></tr>
<tr><td>15</td><td>围栏</td><td>野外固定营地周界应设置围栏或围墙，围栏至少应满足：<br>——高度不低于2m的互连金属围栏；<br>——应有横向的支撑线绷紧（上、中、下）；<br>——支撑柱坚固耐用，间距应不超过5m；<br>——顶部设立高约0.5m的带刺铁丝网或者蛇腹形铁丝网，围栏的底部设立卷带马口铁</td><td>●双层</td><td>10</td><td></td></tr>
<tr><td>16</td><td>壕沟</td><td>半干旱环境中野外固定营地的围栏外应设有壕沟，满足以下要求：<br>——营地周界围栏外部应设壕沟，宽2m，深2m。壕沟外设防护设施<br>——围栏之内设2m高的护坡/沙坝/土堤岸和狭道<br>——护坡/沙坝/土堤岸至少要高2m，宽3m（如设有T型防弹墙可不设置护坡）</td><td>●加设外层围栏（高2m），内层围栏和护坡间设立5m宽巡逻车道</td><td>5</td><td></td></tr>
<tr><td>17</td><td>警戒塔/岗哨</td><td>周界至少设有4个警戒塔/岗哨，移动或固定式均可，警戒塔/岗哨应能控制四周的环境并且能进行360°观察，塔间的最大间距为250m。如警戒塔/岗哨不可行，则应在护坡的顶部放置掩体（桑格）</td><td>●</td><td>2.5</td><td></td></tr>
</table>

续表

| 序号 | 项目 | | | 要求 | 极高Ⅲ级 | 标准分值 | 实际得分 |
|---|---|---|---|---|---|---|---|
| 18 | 设施安全 | 出入口 | 车辆缓冲阻碍设置 | | 防撞装置、减速带、S形弯路 | 2.5 | |
| 19 | | | 车辆检查 | 野外营地的大门设置能有效控制车流的横杆或其他控制车流的设施 | ●进行双门设置 | 2.5 | |
| 20 | | | | 野外固定营地入口处有2个落下式栏杆，用以在允许车辆进入前隔离检查车辆 | ● | 2.5 | |
| 21 | | | | 入口区域应设有全天候值守的守卫岗位。在主入口处应对所有的机动车辆进行检查，核查驾驶人员带照片的身份证明。发放必要的通行证来控制载货车辆的外出 | ● | 2.5 | |
| 22 | | | 身份识别系统 | 人员的出入控制应由保安或“通行系统”进行身份识别、实名登记 | ● | 2.5 | |
| 23 | | | 智能门禁控制系统 | 营地内核心区建筑物应安装智能门禁控制系统（针对永久性营地） | ● | 2.5 | |
| 24 | | 照明 | 野外营地基础照明系统 | 应保证照明充分，照明灯具的安装和配置应确保照明区域光线充分，两灯之间距地面高度1m处的最低照度不应低于20lx（勒克斯） | ●配置低灯照明 | 2.5 | |
| 25 | | 避难所 | 避难所设施 | 野外营地设置避难所应满足《海外营地安全防范工程建设规范》，且防烟、防水 | ●安装声光报警设备 | 2.5 | |
| 26 | | 电子安全系统 | 监控摄像 | 监控摄像头清晰度至少为480线，安装距地面4～5m，且能提供重叠覆盖无盲区 | ●配高清摄像头 | 10 | |
| 27 | | | 中央监控室 | 有中央监控室且监控数据存储系统（30d以上） | ● | 2.5 | |

续表

| 序号 | 项目 | | | 要求 | 极高Ⅲ级 | 标准分值 | 实际得分 |
|---|---|---|---|---|---|---|---|
| 28 | 设施安全 | 电子安全系统 | 中控室设置 | 视频监控智能软件分析系统，并可进行远程网络监控 | ● | 2.5 | |
| 29 | | | 周界入侵探测 | 安装红外线、激光探测或其他相同功能入侵探测系统 | ●与摄像头联动 | 2.5 | |
| 30 | | 安全警报 | 报警系统设计 | 营地应设置安全警报系统，并且声音区别于火警系统 | ● | 10 | |
| 31 | | | | 报警扬声器应安装在从地面看不见的位置上，如营房顶部。在保安的岗哨、广播室、经理室、财务室等区域都应设有警报按钮 | ● | 2.5 | |
| 32 | | 通信设备 | 通信工具 | 野外营地至少应配备 3 种有效通信工具，其中一种必须是卫星电话 | ● | 10 | |
| 33 | 保安力量 | 值班模式 | | | 每日采用（2 班 × 12h） | 2.5 | |
| 34 | | 保安配备情况 | 出入口车辆行人的控制 | | 2 名保安检查，2 名武装保安警戒 | 2.5 | |
| 35 | | | 警戒塔 | | 4 个警戒塔，各 1 名武装保安 | 2.5 | |
| 36 | | | 巡逻 | | 2 名保安，其中 1 名武装保安 | 2.5 | |
| 37 | | | 防护区域入口通道 | | 1 名保安 | 2.5 | |

续表

| 序号 | 项目 | | | 要求 | 极高Ⅲ级 | 标准分值 | 实际得分 |
|---|---|---|---|---|---|---|---|
| 38 | 保安力量 | 保安配备情况 | 车辆护卫队 | | 4 名武装保安，2 台护卫车辆，VIP 车辆武装保安随行 | 2.5 | |
| 39 | | | 值班主管 | | 2 人 | 2.5 | |
| 40 | | | 指挥官 | | 指挥官与副指挥官 | 2.5 | |
| 41 | 旅途管理 | 设施配备 | 定位系统 | 车辆动态实时追踪和定位系统 | ● | 2.5 | |
| 42 | | | 人员追踪和定位系统 | 人员追踪和定位系统 | ● | 2.5 | |
| 43 | | | 防弹车 | 定制或改造 | ● | 2.5 | |
| 合计 | | | | | 150 | | |

注：表中●表示此项内容适用于该风险等级；无●则表示此项内容不适用于该风险等级。

设施安全检查审核清单（极高Ⅱ级风险）见表 1-6-7。

**表 1-6-7　基本管理与设施安全检查审核清单（极高Ⅱ级风险）**

| 序号 | 项目 | | | 要求 | 极高Ⅱ级 | 标准分值 | 实际得分 |
|---|---|---|---|---|---|---|---|
| 1 | 基本管理 | 人员 | 主要管理人员 | 任职前应在高Ⅲ级及以上风险等级国家至少有两年工作经历且符合相关能力要求 | ● | 3 | |
| 2 | | | 管理人员 | 任职前应在低一级风险等级国家至少有三年工作经历且符合相关能力要求 | ● | 3 | |
| 3 | | | 社会安全管理人员 | 应有社会安全专、兼职管理人员 | 专职 | 3 | |
| 4 | | 绩效 | 事件 | 未因自身管理原因发生Ⅰ级、Ⅱ级社会安全事件或中国石油通报批评 | 2 年 | 6 | |

续表

| 序号 | 项目 | | | 要求 | 极高Ⅱ级 | 标准分值 | 实际得分 |
|---|---|---|---|---|---|---|---|
| 5 | 基本管理 | 绩效 | 信息报送 | 应按要求上报社会安全信息日/周报，内容符合要求 | 日报 | 6 | |
| 6 | | | 风险评估 | 已有项目每年应至少进行一次评估 | ● | 3 | |
| 7 | | | 安保投入 | 合同中有明确的安保投入要求，且能达到中国石油安保管理要求 | ● | 3 | |
| 8 | 设施安全 | 规划 | 野外营地停车位 | 为外访者提供充裕的停车位 | ● | 3 | |
| 9 | | | | 外访者停车区域应设置在营地之外，在入口岗哨的视线之内 | ● | 3 | |
| 10 | | | 空中走廊 | 野外固定营地的规划与布局设置飞机起降区域（或与临近单位共享） | ● | 3 | |
| 11 | | | 周界缓冲区 | 野外固定营地周界缓冲区内不允许出现外部建筑和社区住所 | 100m | 6 | |
| 12 | | | 敏感目标距离 | 距离当地敏感目标不小于 100m | ● | 3 | |
| 13 | | | 远离公共道路安全距离 | （野外营地）远离公共道路安全距离 | 300m | 6 | |
| 14 | | 周界 | 周界外围 | 营地周界围栏外部视野应无阻碍物，植物应被清除 | 20m | 3 | |
| 15 | | | 围栏 | 野外固定营地周界应设置围栏或围墙，围栏至少应满足：<br>——高度不低于 2m 的互连金属围栏；<br>——应有横向的支撑线绷紧（上、中、下）；<br>——支撑柱坚固耐用，间距应不超过 5m； | ●双层 | 12 | |

续表

| 序号 | 项目 | | | 要求 | 极高Ⅱ级 | 标准分值 | 实际得分 |
|---|---|---|---|---|---|---|---|
| 15 | 设施安全 | 周界 | 围栏 | ——顶部设立高约0.5m的带刺铁丝网或者蛇腹形铁丝网，围栏的底部设立卷带马口铁 | ●双层 | 12 | |
| 16 | | | 壕沟 | 半干旱环境中野外固定营地的围栏外应设有壕沟，满足以下要求：<br>——营地周界围栏外部应设壕沟，宽2m，深2m。壕沟外设防护设施；<br>——围栏之内设2m高的护坡/沙坝/土堤岸和狭道；<br>——护坡/沙坝/土堤岸至少要高2m，宽3m（如设有T型防弹墙可不设置护坡） | ●加设外层围栏（高2m），内层围栏和护坡间设立5m宽巡逻车道 | 6 | |
| 17 | | | 警戒塔/岗哨 | 周界至少设有4个警戒塔/岗哨，移动或固定式均可，警戒塔/岗哨应能控制四周的环境并且能进行360°观察，塔间的最大间距为250m。如警戒塔/岗哨不可行，则应在护坡的顶部放置掩体（桑格） | ● | 3 | |
| 18 | | 出入口 | 车辆缓冲阻碍设置 | | 破胎器、防撞装置、减速带、S形弯路 | 3 | |
| 19 | | | 车辆检查 | 野外营地的大门设置能有效控制车流的横杆或其他控制车流的设施 | ●进行双门设置 | 3 | |
| 20 | | | | 野外固定营地入口处有2个落下式栏杆，用以在允许车辆进入前隔离检查车辆 | ● | 3 | |

续表

<table>
<tr><th>序号</th><th colspan="3">项目</th><th>要求</th><th>极高Ⅱ级</th><th>标准分值</th><th>实际得分</th></tr>
<tr><td>21</td><td rowspan="9">设施安全</td><td rowspan="3">出入口</td><td>车辆检查</td><td>入口区域应设有全天候值守的守卫岗位。在主入口处应对所有的机动车辆进行检查，核查驾驶人员带照片的身份证明。发放必要的通行证来控制载货车辆的外出</td><td>●</td><td>3</td><td></td></tr>
<tr><td>22</td><td>身份识别系统</td><td>人员的出入控制应由保安或“通行系统”进行身份识别、实名登记</td><td>●</td><td>3</td><td></td></tr>
<tr><td>23</td><td>智能门禁控制系统</td><td>营地内核心区建筑物应安装智能门禁控制系统（针对永久性营地）</td><td>●</td><td>3</td><td></td></tr>
<tr><td>24</td><td>照明</td><td>野外营地基础照明系统</td><td>应保证照明充分，照明灯具的安装和配置应确保照明区域光线充分，两灯之间距地面高度1m处的最低照度不应低于20lx（勒克斯）</td><td>●配置低灯照明</td><td>3</td><td></td></tr>
<tr><td>25</td><td>避难所</td><td>避难所设施</td><td>野外营地设置避难所应满足《海外营地安全防范工程建设规范》且防烟、防水</td><td>●安装声光报警设备</td><td>3</td><td></td></tr>
<tr><td>26</td><td rowspan="4">电子安全系统</td><td>监控摄像</td><td>监控摄像头清晰度至少为480线，安装距地面4～5m，且能提供重叠覆盖无盲区</td><td>●配高清摄像头</td><td>12</td><td></td></tr>
<tr><td>27</td><td>中央监控室</td><td>有中央监控室且监控数据存储系统（30d以上）</td><td>●</td><td>3</td><td></td></tr>
<tr><td>28</td><td>中控室设置</td><td>视频监控智能软件分析系统，并可进行远程网络监控</td><td>●</td><td>3</td><td></td></tr>
<tr><td>29</td><td>周界入侵探测</td><td>安装红外线、激光探测或其他相同功能入侵探测系统</td><td>●与摄像头联动</td><td>3</td><td></td></tr>
</table>

续表

| 序号 | 项目 | | | 要求 | 极高Ⅱ级 | 标准分值 | 实际得分 |
|---|---|---|---|---|---|---|---|
| 30 | 设施安全 | 安全警报 | 报警系统设计 | 营地应设置安全警报系统，并且声音区别于火警系统 | ● | 12 | |
| 31 | | | | 报警扬声器应安装在从地面看不见的位置上，如营房顶部。在保安的岗哨、广播室、经理室、财务室等区域都应设有警报按钮 | ● | 3 | |
| 32 | | 通信设备 | 通信工具 | 野外营地至少应配备3种有效通信工具，其中一种必须是卫星电话 | ● | 12 | |
| 33 | 保安力量 | 值班模式 | 值班模式 | | 每日采用（2班 ×12h） | 3 | |
| 34 | | 保安配备情况 | 出入口车辆行人的控制 | | 2名保安检查，2名武装保安负责警戒，军队或警察在营地外部保护 | 3 | |
| 35 | | | 警戒塔 | | 4个警戒塔，每个1名武装保安 | 3 | |
| 36 | | | 巡逻 | | 2名武装保安 | 3 | |
| 37 | | | 防护区域入口通道 | | 2名保安 | 3 | |
| 38 | | | 车辆护卫队 | | 4名武装保安，2台护卫车辆，VIP车辆武装保安随行 | 3 | |

续表

| 序号 | 项目 | | | 要求 | 极高Ⅱ级 | 标准分值 | 实际得分 |
|---|---|---|---|---|---|---|---|
| 39 | 保安力量 | 保安配备情况 | 值班主管 | | 2名主管，1名通信联络员 | 3 | |
| 40 | | | 指挥官 | | 2人，指挥官与副指挥官 | 3 | |
| 41 | 旅途管理 | 设施配备 | 定位系统 | 车辆动态实时追踪和定位系统 | ● | 3 | |
| 42 | | | 人员定位 | 人员追踪和定位系统 | ● | 3 | |
| 43 | | | 防弹车 | 定制或改造 | ● | 3 | |
| 合计 | | | | | 180分 | | |

注：表中●表示此项内容适用于该风险等级；无●则表示此项内容不适用于该风险等级。

设施安全检查审核清单（极高Ⅰ级风险）见表1-6-8。

**表1-6-8　基本管理与设施安全检查审核清单（极高Ⅰ级风险）**

| 序号 | 项目 | | | 要求 | 极高Ⅰ级 | 标准分值 | 实际得分 |
|---|---|---|---|---|---|---|---|
| 1 | 基本管理 | 人员 | 主要管理人员 | 任职前应在高Ⅲ级及以上风险等级国家至少有两年工作经历且符合相关能力要求 | ● | 3.5 | |
| 2 | | | 管理人员 | 任职前应在低一级风险等级国家至少有三年工作经历且符合相关能力要求 | ● | 3.5 | |
| 3 | | | 社会安全管理人员 | 应有社会安全专、兼职管理人员 | 专职 | 3.5 | |
| 4 | | 绩效 | 事件 | 未因自身管理原因发生Ⅰ级、Ⅱ级社会安全事件或中国石油通报批评 | 2年 | 7 | |
| 5 | | | 信息报送 | 应按要求上报社会安全信息日/周报，内容符合要求 | 日报 | 7 | |
| 6 | | | 风险评估 | 已有项目每年应至少进行一次评估 | ● | 3.5 | |

续表

| 序号 | 项目 | | | 要求 | 极高Ⅰ级 | 标准分值 | 实际得分 |
|---|---|---|---|---|---|---|---|
| 7 | 基本管理 | 绩效 | 安保投入 | 合同中有明确的安保投入要求，且能达到中国石油安保管理要求 | ● | 3.5 | |
| 8 | 设施安全 | 规划 | 野外营地停车位 | 为外访者提供充裕的停车位 | ● | 3.5 | |
| 9 | | | | 外访者停车区域应设置在营地之外，在入口岗哨的视线之内 | ● | 3.5 | |
| 10 | | | 空中走廊 | 野外固定营地的规划与布局设置飞机起降区域（或与临近单位共享） | ● | 3.5 | |
| 11 | | | 周界缓冲区 | 野外固定营地周界缓冲区内不允许出现外部建筑和社区住所 | 150m | 7 | |
| 12 | | | 敏感目标距离 | 距离当地敏感目标不小于100m | ● | 3.5 | |
| 13 | | | 远离公共道路安全距离 | （野外营地）远离公共道路安全距离 | 500m | 7 | |
| 14 | | 周界 | 周界外围 | 营地周界围栏外部视野应无阻碍物，植物应被清除 | 30m | 3.5 | |
| 15 | | | 围栏 | 野外固定营地周界应设置围栏或围墙，围栏至少应满足：<br>——高度不低于2m的互连金属围栏；<br>——应有横向的支撑线绷紧（上、中、下）；<br>——支撑柱坚固耐用，间距应不超过5m；<br>——顶部设立高约0.5m的带刺铁丝网或者蛇腹形铁丝网，围栏的底部设立卷带马口铁 | ●双层 | 14 | |

续表

<table>
<tr><th>序号</th><th colspan="3">项目</th><th>要求</th><th>极高 I 级</th><th>标准分值</th><th>实际得分</th></tr>
<tr><td>16</td><td rowspan="7">设施安全</td><td rowspan="2">周界</td><td>壕沟</td><td>半干旱环境中野外固定营地的围栏外应设有壕沟，满足以下要求：<br>——营地周界围栏外部应设壕沟，宽 2m，深 2m。壕沟外设防护设施；<br>——围栏之内设 2m 高的护坡 / 沙坝 / 土堤岸和狭道；<br>——护坡 / 沙坝 / 土堤岸至少要高 2m，宽 3m（如设有 T 型防弹墙可不设置护坡）</td><td>●加设外层围栏（高 2m），内层围栏和护坡间设立 5m 宽巡逻车道</td><td>7</td><td></td></tr>
<tr><td>17</td><td>警戒塔 / 岗哨</td><td>周界至少设有 4 个警戒塔 / 岗哨，可移动或固定式均可，警戒塔 / 岗哨应能控制四周的环境并且能进行 360° 观察，塔间的最大间距为 250m。如警戒塔 / 岗哨不可行，则应在护坡的顶部放置掩体（桑格）</td><td>●</td><td>3.5</td><td></td></tr>
<tr><td>18</td><td rowspan="5">出入口</td><td>车辆缓冲阻碍设置</td><td></td><td>破胎器、防撞装置、减速带、S 形弯路</td><td>3.5</td><td></td></tr>
<tr><td>19</td><td rowspan="3">车辆检查</td><td>野外营地的大门设置能有效控制车流的横杆或其他控制车流的设施</td><td>●进行双门设置</td><td>3.5</td><td></td></tr>
<tr><td>20</td><td>野外固定营地入口处有 2 个落下式栏杆，用以在允许车辆进入前隔离检查车辆</td><td>●</td><td>3.5</td><td></td></tr>
<tr><td>21</td><td>入口区域应设有全天候值守的守卫岗位。在主入口处应对所有的机动车辆进行检查，核查驾驶人员带照片的身份证明。发放必要的通行证来控制载货车辆的外出</td><td>●</td><td>3.5</td><td></td></tr>
<tr><td>22</td><td>身份识别系统</td><td>人员的出入控制应由保安或“通行系统”进行身份识别、实名登记</td><td>●</td><td>3.5</td><td></td></tr>
</table>

续表

| 序号 | 项目 | | | 要求 | 极高Ⅰ级 | 标准分值 | 实际得分 |
|---|---|---|---|---|---|---|---|
| 23 | 设施安全 | 出入口 | 智能门禁控制系统 | 营地内核心区建筑物应安装智能门禁控制系统（针对永久性营地） | ● | 3.5 | |
| 24 | | 照明 | 野外营地基础照明系统 | 应保证照明充分，照明灯具的安装和配置应确保照明区域光线充分，两灯之间距地面高度1m处的最低照度不应低于20lx（勒克斯） | ●配置低灯照明 | 3.5 | |
| 25 | | 避难所 | 避难所设施 | 野外营地设置避难所应满足《海外营地安全防范工程建设规范》，且防烟、防水 | ●安装声光报警设备，避难所设计在地面以下 | 3.5 | |
| 26 | | 电子安全系统 | 监控摄像 | 监控摄像头清晰度至少为480线，安装在距地面4～5m之间，且能提供重叠覆盖无盲区 | ●配高清摄像头 | 14 | |
| 27 | | | 中央监控室 | 有中央监控室且监控数据存储系统（30d以上） | ● | 3.5 | |
| 28 | | | 中控室设置 | 视频监控智能软件分析系统，并可进行远程网络监控 | ● | 3.5 | |
| 29 | | | 周界入侵探测 | 安装红外线、激光探测或其他相同功能入侵探测系统 | ●与摄像头联动 | 3.5 | |
| 30 | | 安全警报 | 报警系统设计 | 营地应设置安全警报系统，并且声音区别于火警系统 | ● | 14 | |
| 31 | | | | 报警扬声器应安装在从地面看不见的位置上，如营房顶部。在保安的岗哨、广播室、经理室、财务室等区域都应设有警报按钮 | ● | 3.5 | |
| 32 | | 通信设备 | 通信工具 | 野外营地至少应配备3种有效通信工具，其中一种必须是卫星电话 | ● | 14 | |
| 33 | 保安力量 | 值班模式 | | | 每日采用（2班 ×12h） | 3.5 | |

续表

| 序号 | 项目 | | | 要求 | 极高 I 级 | 标准分值 | 实际得分 |
|---|---|---|---|---|---|---|---|
| 34 | 保安力量 | 保安配备情况 | 出入口车辆行人的控制 | | 2 名保安检查，2 名武装保安负责警戒，军队或警察在营地外部保护 | 3.5 | |
| 35 | | | 警戒塔 | | 4 个警戒塔，每个警戒塔 1 名武装保安 | 3.5 | |
| 36 | | | 巡逻 | | 2 名武装保安 | 3.5 | |
| 37 | | | 防护区域入口通道 | | 2 名保安 | 3.5 | |
| 38 | | | 车辆护卫队 | | 6 名武装保安，3 台护卫车辆，VIP 车辆武装保安随行 | 3.5 | |
| 39 | | | 值班主管 | | 2 名主管 1 名通信联络员 | 3.5 | |
| 40 | | | 指挥官 | | 2 人，指挥官与副指挥官 | 3.5 | |
| 41 | 旅程管理 | 设施配备 | 定位系统 | 车辆动态实时追踪和定位系统 | ● | 3.5 | |
| 42 | | | 人员追踪和定位系统 | 人员追踪和定位系统 | ● | 3.5 | |
| 43 | | | 防弹车 | 定制或改造 | ●<br>B6 级 | 3.5 | |
| 合计 | | | | | 210 | | |

注：表中●表示此项内容适用于该风险等级；无●则表示此项内容不适用于该风险等级。

# 第二篇 绿色油田建设实践

# 第一章　环境管理通用规范

## 第一节　基本要求

中国石油海外业务环境管理的总体管理框架遵循 ISO 14001 国际环境管理体系标准，以下管理要求主要针对海外油气业务环境管理中的关键环节。

（1）海外项目应严格遵守所在国与环境相关的法律法规、合同中明确的环境管理要求，贯彻落实公司环境管理的各项规定，建立并实施环境保护责任制和环境管理体系，不断改进环境绩效，持续提升环境管理水平。

（2）海外项目应在项目全生命周期内，包括可研、尽职调查、交割、设计、施工、试运行、正常运行、变更、退役 / 废弃等各阶段，确保环保工作合规履约，有效控制环境风险。

（3）海外项目应设置环境管理部门或配备足够的专兼职环境管理人员，提供必要的培训以满足专业能力和素质要求。

（4）海外项目应制订年度环境管理工作计划，或在年度工作计划中明确环境保护工作内容，确定环境管理目标、任务和措施，以及重点环境保护项目和相应投资。

（5）要保证环境保护的资金投入，将环境保护费用作为运营成本纳入预算，落实环境管理、环境监测、污染防治、生态保护、清洁生产、环境应急等专项费用。鼓励海外项目投保环境意外事故险，或建立环境应急储备金。

（6）按照所在国环境保护法律法规和标准规范的要求，建设和运行污染防治设施，及时获得相关环保许可，开展污染防治工作，确保废气、废水、固体废物或其他污染物达标排放。

（7）建立健全环境保护培训制度，使全员了解和熟悉所在国相关环境保护法律法规，掌握有关环境风险防控、有害物质处理、环境事故预防及其他环境知识，提高企业员工守法意识和环保素质。

（8）定期组织环境管理专项或 HSE 通用审核和检查，对环境管理体系（HSE 管理体系）运行的充分性、有效性和适宜性进行评价，及时发现问题并有效整改。

（9）建立文件和记录管理程序，做好环保文档的分类、收集、整理、归档等管理工作，尽量保留或转换为电子文件。

（10）组织开展环境保护宣传工作，向公众发布环境保护业绩，宣传本单位在环境保护方面所做的工作和成效，提升公司形象。

（11）鼓励企业研究和借鉴国际组织、多边金融机构采用的有关环境保护的原则、标准和惯例。

（12）建立海外项目环境管理的沟通机制，主动加强与所在社区和相关社会团体的联系与沟通。同时，鼓励海外项目积极参与和支持当地的环境保护公益活动，树立企业良好的环境声誉。

## 第二节　环保合规性要求

### 一、环保法律法规

环保法律法规是指与环境保护相关的法律法规或标准，其范围包括但不限于中国和所在国的环境保护法、生态保护法、自然资源法、矿产法、石油法，以及其他环保单行法、相关法或行政法规、规章、标准、技术规范等。

海外项目应在已有的 HSE 管理体系中建立和完善环境管理程序，或建立和实施有效的环境管理体系，来保证项目运行的环保合规性。要识别适用于本单位生产经营活动的环保法律法规和其他应遵守的要求，安排专人或委托专业机构收集、分析、跟踪和传达环保法律法规，将变化调整内容及时告知相关专业人员，做好应对工作。鼓励海外项目在所在国政府对环保法律法规的制订、修订和完善过程中，表达本单位的环保诉求。

应实现环保法律法规管理与环境风险管理的同步，定期开展合规性评价，至少每年一次，并对不合规问题及时采取纠正预防措施。

## 二、环境风险管理

海外项目应充分识别生产经营过程中的各类环境因素，对环境因素的量级和严重程度进行评价，同时评估相应的控制措施，建立并维护环境风险台账（格式详见表 2-1-1 和表 2-1-2），通过风险控制有效消除或降低环境风险所带来的影响，并针对重要环境因素编制相应的方案或程序。进行环境风险评估时，可使用的方法包括风险矩阵法、定性与定量分析法和定量风险分析法。

**表 2-1-1　环境风险汇总管理台账**

| 序号 | 岗位 | 活动 / 产品 / 服务 | 环境因素 | 环境影响 | 时态（过去 / 现在 / 将来） | 状态（正常 / 异常 / 事故） | 控制方法 | 评价方法 | 评价结果 |
|---|---|---|---|---|---|---|---|---|---|
| | | | | | | | | | |
| | | | | | | | | | |
| | | | | | | | | | |

单位：　　　　　　　　　　　　　　　登记时间：

**表 2-1-2　一般 / 重大环境风险台账**

| 序号 | 岗位 | 活动 / 产品 / 服务 | 环境因素 | 环境影响 | 控制方法 | 责任单位 |
|---|---|---|---|---|---|---|
| | | | | | | |
| | | | | | | |
| | | | | | | |

单位：　　　　　　　　　　　　　　　登记时间：

环境风险台账应及时更新，结合变更管理程序对油气作业生命周期中每个阶段的环境因素进行重新识别和评价，并对控制措施进行跟踪确认，确保环境风险管理被列入现场日常生产和HSE监督管理的工作程序中，开展相关培训工作，保证全员周知。鼓励海外项目采取投保环境污染责任保险等手段，合理分散环境事故风险。

## 三、环境影响评价

环境影响评价（EIA）应由所在国政府认可的、具备环境影响评价资质的专业机构在项目（工程）启动前执行并完成，按照所在国政府的要求，取得相应的证书或批复。严禁海外项目“未批先建”或“边批边建”。

环境影响评价的执行范围应包括所有的建设项目（含新、改、扩建设项目），要求对所有可能造成的显著影响做出识别和评估，对各种替代方案、管理技术、减缓措施等进行比较，需要广泛的公众参与，执行严格的行政审查程序，并最终形成清晰、完整的环境影响报告书（EIS），保证专家和非专家都能够了解各种潜在影响的特征及其重要性。如果所在国暂时缺乏有关环境影响评价的法律法规要求，原则上须按照《中华人民共和国环境影响评价法》等法律法规要求或国际通行的环境标准［如世界银行、国际金融公司（IFC）或赤道原则等］，开展环境影响评价。

海外项目应在设计阶段之前完成环境影响评价，并将其作为设计依据进行参照。环境影响评价过程还应延伸至所评价活动开始及结束以后一定时段内的监测和信息反馈。海外项目必须组织对通过批复的环境影响报告书进行分析、研究，并在日常的环境管理工作中切实贯彻执行，定期组织培训和考核检查，确保环境影响评价中的要求与日常管理不脱节。

## 四、环境管理计划

环境管理计划（EMP）通常包括项目概况及战略目标和指标、环境质量现状和环境影响评价综述、环保措施及环境监测计划、环境管理计划的实施等。在实施该计划时，时间进度、机构职责、保障措施及经费估算是核心内容。

环境管理计划中的建设管理内容，必须明确环境保护的关键控制点，说明具体的工艺、设备、设施或人员，确保项目建设的环保工作合理可行、环境风险整体可控；计划中的环境监测内容，必须明确指标参数、监测方案，说明具体的仪器设备配置。

环境管理计划是环境影响评价的延伸和重要组成部分，既可以作为环境影响报告书中的一个章节，也可以独立于环境影响报告书之外。无论采取何种形式编制，最终形成的计划必须明确、具体、可行。海外项目应在施工、运行阶段（必要时包括退役阶段）参照环境管理计划落实各项环保要求，海外项目承包商的环境管理计划应及时向甲方报送，并按照计划内容严格执行。

## 五、环境敏感区域

环境敏感区域的范畴包括：

（1）需特殊保护地区。所在国法律、法规、行政规章及规划确定或经地方政府批准的需要特殊保护的地区，如饮用水水源保护区、自然保护区、风景名胜区、基本农田保护区、水土流失重点防治区、森林公园、世界遗产地、国家重点文物保护单位、历史文化保护地等。

（2）生态敏感与脆弱区。沙尘暴源区、荒漠中的绿洲、严重缺水地区、珍稀动植物栖息地或特殊生态系统、天然林、重要湿地和天然渔场等。

（3）社会关注区。人口密集区、文教区、党政机关集中办公地点、疗养地、医院等，以及具有历史、文化、科学、民族意义的保护地等。关于环境敏感区域的具体划分，需严格遵守所在国的法律法规要求，并认真参照相关的国际环保公约。

对于新选址选线的建设项目，以及涉及饮用水水源保护区、自然保护区、风景名胜区等环境敏感区的建设项目，海外项目应委托有资质的环境服务机构开展选址选线环境可行性分析，对重大环境风险制约因素进行评估和论证，作为选址选线的决策依据。

项目应从规划设计阶段开始，尽量避让上述区域，如需穿越或临时占用环境敏感区，必须向所在国提出申请并获得批复，同时严格执行当地环境敏感区的污染物特别排放限值。在环境敏感区域周边作业时，应严格执行环评报告和环境管理计划中的环境风险防控措施，特别注意污染物的排放管理和提升应急响应等级，同时增加提示牌数量，加大全员培训力度，坚决杜绝污染环境敏感区的事件发生。

环境敏感区域的发展呈只增不减的趋势，海外项目应注意环境敏感区域的动态管理，尤其是在国土开发密度较高、环境承载能力开始减弱的地区，或是在环境容量较小、生态环境脆弱、容易发生严重环境污染问题而需要采取特别保护措施的地区，要从严执行污染物特别排放限值，避免新增环境敏感区域给项目带来的环保追溯问题。

## 六、清洁生产

海外项目应对原料使用、资源消耗、资源综合利用以及污染物产生与处置等进行分析论证，优先采用资源利用率高、污染物产生量少的清洁生产技术、工艺和设备。

从设计阶段开始，海外项目应积极推广节能降耗措施，认真编制节水方案，改进设计。提高能源效率的方式包括减少能量分配中的损失，提高能量转换效率，使用低碳燃料等。

在进行技术改造过程中，应当采取以下清洁生产措施：

（1）采用无毒、无害或者特定生态环境所能承受的低毒、低害的能源和原料，替代毒性大、危害严重的原料，保证源头削减。

（2）采用资源利用率高、污染物产生量少的工艺和设备，替代资源利用率低、污染物产生量多的工艺和设备。

（3）改善管理，对生产过程中产生的废物、废水和余热等进行综合利用或者循环使用。

（4）采用能够达到相应污染物排放标准和污染物排放总量控制要求的污染防治技术，减少或者避免生产、服务和产品使用过程中污染物的产生和排放。

## 第三节 全生命周期要求

### 一、项目交割（启动）前的环保要求

海外投资、收购、并购项目在签订合同前，海外项目应对目标项目开展环境尽职调查，重点评估其在历史经营活动中形成的危险废物、土壤和地下水污染等情况，以及目标项目与此相关的环境债务，摸清环境本底值，降低潜在的环境负债风险。尽职调查应至少包括预评估和再评估两个阶段，各阶段都要关注环保法律法规符合性、义务、财务、政治和社会影响。并购和剥离项目 HSE 尽职调查流程如图 2-1-1 所示。

在签订合同时，应当确认项目中所涉及的环保设施、处理处置的成本能否回收，保证环境管理的专项投入。

在项目开工建设前，应对拟建区域开展环境监测和评估（环境基准调查），掌握项目所在地及其周围区域的环境本底状况，将环境监测和评估结果送所在国当地相关政府部门备案，并自行做好配套记录，在项目全生命周期内保存。

海外项目应结合所在国的要求，在项目可行性研究阶段报批环境影响评价文件。建设项目环境影响评价文件批准后，项目的性质、规模、地点、采用的生产工艺或者环境保护措施发生重大变动的，建设单位应当重新报批环境影响评价文件；建设项目环境影响评价文件自批准之日起超过五年，方决定该项目开工建设的，建设单位应当报原审批部门重新审核环境影响评价文件。

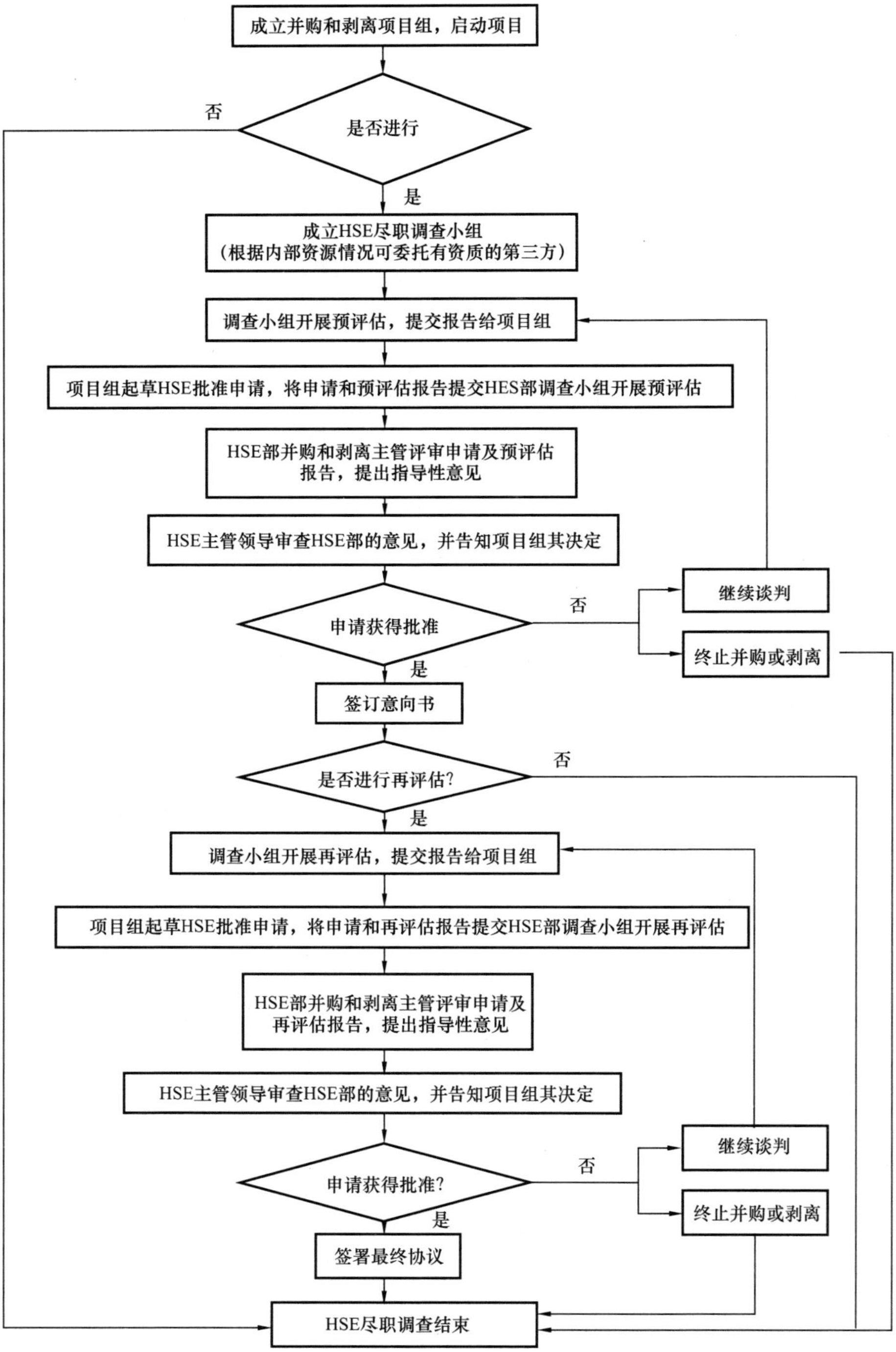


图 2-1-1　HSE 尽职调查流程

## 二、项目设计阶段的环保要求

建设项目防治污染与保护生态的措施，必须与主体工程同时设计、同时施工、同时投产使用（环保“三同时”制度）。防治污染的设施必须经所在国政府认可的机构验收合格后，该建设项目方可投入生产或使用。

建设单位应当要求工程设计单位按照环境影响评价文件及其批复、公司环境管理相关规范开展项目工程设计，落实项目选址选线和穿跨越方式，以及污染防治、生态保护、环境风险防控等环境保护措施及其投资，建设单位应依据设计合同对上述内容进行监督检查。工程设计单位不得违背环境影响评价文件及其批复规定的内容和要求，偏离时需经所在国相关政府部门审批同意，并与各业务部门做好沟通。

建设项目初步设计审查时应当设立环境保护专业组，对环境保护专篇进行专项审查。

## 三、项目施工阶段的环保要求

建设单位应当要求施工单位按照环境影响评价文件及其批复，制订并提交项目施工期的环境管理计划、细化环保措施并严格执行，建设单位依据施工合同及环境管理计划进行监督检查。施工单位应选取有利于生态保护的施工工期、区域和方式，规范设置废物临时存放场所，有效防治废水、废气、固体废物和噪声。工程施工单位未经批准，不得违背环境影响评价文件及其批复规定的内容和要求，不得变更设计文件规定的环保设施及环保要求。

项目施工过程中，建设单位应委托工程环境监理单位对环境保护措施落实情况进行监督检查。建设单位、施工单位不得影响或者干扰工程环境监理单位依法依规开展工作，保证其独立、客观、公正。建设单位在施工阶段应当按照所在国相关政府部门的要求提交工程环境监理报告，并接受监督检查。

## 四、项目（试）运行阶段的环保要求

海外项目应在建设项目试运行前，确保与主体工程配套的环境保护设施具备投用条件，落实环境风险防控与应急处置措施，并向有批准权的所在国相关政府部门报批环保试运行申请，并对建设项目环境保护执行情况进行检查。建设单位应向运行方提交完整的环境管理计划执行情况、相关的环境数据和信息，做好环保技术交底。

建设项目投入试运行后，建设单位应结合所在国的要求，按照建设项目环境保护验收管理规定，委托环保验收技术服务机构开展环保验收监测或调查工作。同时，建设单位应当自试生产之日起三个月内向所在国相关政府部门申请环保验收。按照环境影响评价文件及其批复，分期建设或分期投入生产运行的建设项目，建设单位应当分期开展环保验收。

项目投入正式运行后，应将环境影响评价、环境管理计划及项目合同中涉及的各项环保条款纳入 HSE 或环境管理体系文件或操作规程，严格落实各项环保措施及要求。

## 五、项目退役（报废）阶段的环保要求

项目退役（报废）前，应特别注意按照所在国相关法律法规要求及合同中规定的义务，做好退役（报废）阶段的环境保护和生态恢复工作，同时保留好环境本底值及环境监测历史数据，以备后期环保追溯时使用。

海外项目应在退役（报废）前制订退役及现场恢复计划，内容是确定所有设备和材料的处置方法，包括现场使用的产品和产生的废弃物。该计划应考虑拆除出油管线、拆除地面设备和设施、放弃油气井、管道报废及恢复。

陆上油气设施的退役通常包括彻底拆除永久性设施和对油气井作放弃处理，包括相关的设备、材料和废弃物处置或回收。油气井应在稳定和安全的状态下放弃。应用水泥塞将井筒密封至地面，任何已知

的油气产层均应隔离，以防止流体迁移，包含水层也应隔离。如果恢复后的土地用于农业耕种，则应切断地表套管，使得盖土层的深度超过犁深。

## 六、环境变更管理

变更管理是指对人员、管理、工艺、技术、设施等永久性或暂时性的变化进行有计划的控制，以避免或减轻对人员健康安全及环境的影响。海外项目应制订变更管理程序，当项目实施任何变更之前，对变更引起的环境风险进行识别和评价，制订并落实风险防控措施，同时按照变更管理程序，及时修改相应的环境管理程序并告知相关人员。

变更的范围包括但不限于：

（1）发生重大环境事故后。

（2）工艺、技术发生变化时：新建、改建、扩建项目引起的技术变更；原料介质变更；工艺流程及操作条件的重大变更；工艺设备的改进和变更；操作规程的变更；工艺参数的变更；公用工程的水、电、气、风的变更等。

（3）设备设施发生变化时：设备设施的更新改造；安全设施的变更；更换与原设备不同的设备或配件；设备材料代用变更；临时的电气设备等。

（4）管理、人员发生变化时：法律法规和标准的变更；人员的变更；管理机构的较大变更；管理职责的变更；相关方的较大变更或合理申述时；管理评审要求变化。

## 七、环境应急管理

海外项目对主要环境风险，应根据潜在的环境突发事件的性质、特点和可能造成的环境危害，制订环境突发事件的应急预案，明确责任，配备应急设备和物资，并建立向当地政府、环境保护监管机构、可能受到影响的社会公众及公司报告、沟通的有效机制。

海外项目环境应急预案的内容应包括应急管理工作的组织体系与

职责、预防与预警机制、处置程序、应急保障以及事后恢复与重建等。环境应急预案应与所在国政府及地方的相关预案相衔接，与所在国和当地政府有关部门、社区、国际组织等建立应急联动机制，必要时从当地获取环境突发事件应急所需的资源。

海外项目应定期组织专项应急演练和培训，并及时对预案进行调整。

发生环境突发事件时，应当立即启动应急预案，执行应急响应程序，同时按照不同级别事件的报告要求，向所在国和当地政府有关部门、中国驻当地使领馆和公司报告，并及时通知可能受到污染影响的利益相关方。

### 八、环境承包商管理

海外项目应制订承包商 HSE 管理制度，严把承包商的环保资质及准入条件，将环保资质及其他环保要求列入招标条件。

在与承包商签署的合同中纳入环保条款，要求承包商制订针对本项目的环境管理计划，严格执行所在国政府和甲方的环境管理要求，对承包商开展环保培训、监督和考核。

承包商出现环保违规情况时，应及时警告或停工整改；出现严重违规的，按照合同规定终止合同。

对于从事废弃物处理、处置等工作的环保专业承包商，除确保其具备政府要求的专业资质和相关许可以外，应在合同中明确甲乙方的环保法律责任，并监督、跟踪承包商对废弃物等的处理处置过程和最终结果，做好相应记录，避免因承包商违规给甲方带来的环境风险。

## 第四节　污染物控制要求

### 一、环境监测、记录与绩效

环境监测的对象既包括污染物的排放浓度，也包括污染物的排放量。在任何情况下，海外项目均应遵守规定的污染物排放控制要求，采取必要措施保证污染防治设施正常运行。

海外项目的环境监测指标、频次和监测方法应当满足中国石油的要求。监测结果应分别于每月初通过 HSE 月报、每年底通过 HSE 年报按时报送至上级单位 HSE 管理部门。

除量化要求外，海外项目应结合实际情况，编制完整的环境监测与记录程序；配备具备足够能力的监测人员、质量得到保证的监测设备、资质符合要求的实验室，或将环境监测业务通过签订合同交给承包商（具备相关资质的实验室）；定期对监测人员进行再教育培训、校验监测设备的精度、进行实验室的再认证，或考察承包商实验室的年度 QA/QC 工作计划、记录和报告；应对环境监测进行系统化的记录和保存，并对环境监测结果进行阶段性的趋势分析，改进相应的污染防控措施。

海外项目应根据所在国环境保护法律法规要求，研究和开展温室气体排放控制的相关工作。

## 二、废气排放

废气排放应满足所在国的法律法规及环评报告批复的排放要求，及时获得足够数量的排放许可。海外项目应做好环保设施的调试、维护及老旧设备的升级改造，减少因设备故障等原因引起的非正常排放。废气排放中的主要污染物指标包括二氧化硫、氮氧化物、二氧化碳、颗粒物等，排放浓度的标准应严格按照所在国的环保要求执行，对于未明确的指标要求，可参照表 2–1–3 至表 2–1–10 中的排放标准。

（1）对于颗粒物（PM）的控制，应采取覆盖、固化、洒水等措施，或在输送机和料仓等物料搬运点使用布袋除尘器或旋风除尘器抽取和处理空气，不在四级风以上天气进行土方回填及进行转场等可能产生扬尘污染的施工，注意在沙漠等地区控制车速，减少扬尘的产生。

（2）对于臭氧消耗物质（ODS）的管理，根据《关于臭氧层消耗物质的蒙特利尔议定书》的要求，不应在新安装的设备设施中采用氯氟烃、全溴氟烃、1，1，1– 三氯乙烷、四氯化碳、溴甲烷或含氢溴氟烃的系统或工艺。结合所在国的具体承诺和监管条例，氢氯氟碳化合物（HCFC）应仅被视作临时或过渡性的替代品。

（3）对于温室气体（GHG）的控制，应采取提高能源效率，增加使用可再生能源，利用碳捕获与封存技术，在废物管理及油气的生产、运输和分销中采取回收利用措施，限制和（或）减少甲烷的排放等削减和控制措施。

（4）海外项目应严格遵照所在国有关火炬的要求。陆上作业考虑燃烧和放空方法时，应参照全球减少天然气燃烧及放空自愿标准（可参见世界银行集团“全球减少天然气燃烧伙伴计划”），尽量消除或减少天然气燃烧及放空，如果有可行的替代方案，应避免连续燃烧天然气。在采用燃烧方案之前，应尽可能评估天然气的替代利用方案，并纳入生产设计。替代方法可包括利用天然气来满足现场的能源需求、将天然气输送至附近的设施或进入市场销售、天然气回注以保持油藏压力、利用气举法提高采收率或用作仪表用气。海外项目应详细记录替代方案评估结果。如目前没有可行的替代方案，则应评估最大限度减少燃烧量的措施，并将燃烧视作临时性解决方案，而以消除伴生气的连续燃烧作为首选目标。

（5）在设施的设计、运行和维护中，海外项目应考虑实施控制和减少无组织排放的方法。选择阀门、法兰、接头、密封和密封填料时，应考虑安全性和适用性要求及其密封能力，以减少气体泄漏和无组织排放。罐顶应安装泄压阀，避免使用开放式排气口。必要时，对烃类装卸作业应安装蒸汽控制装置。

废气排放的标准包括《大气污染物综合排放标准》（GB 16297）、《锅炉大气污染物排放标准》（GB 13271）、《火电厂大气污染物排放标准》（GB 13223）、《储油库大气污染物排放标准》（GB 20950）、《恶臭污染物排放标准》（GB 14554）、《危险废物焚烧污染控制标准》（GB 18484）和《生活垃圾焚烧污染控制标准》（GB 18485），对应关系见表2-1-3至表2-1-10。

**表 2-1-3　主要大气污染源及排放标准**

<table>
<tr><th colspan="4">污染源</th><th>主要污染物</th><th>目前执行（适用）标准</th></tr>
<tr><td rowspan="8">有组织排放废气</td><td rowspan="3">燃料燃烧烟气</td><td colspan="2">工业炉窑</td><td>$SO_2$、$NO_x$、烟尘</td><td>《工业炉窑大气污染物排放标准》（GB 9078）</td></tr>
<tr><td>热电设施</td><td>一般锅炉</td><td>$SO_2$、$NO_x$、烟尘、汞及其化合物</td><td>《锅炉大气污染物排放标准》（GB 13271）</td></tr>
<tr><td>热电设施</td><td>火电锅炉及燃气轮机组</td><td>$SO_2$、$NO_x$、烟尘、汞及其化合物</td><td>《火电厂大气污染物排放标准》（GB 13223）</td></tr>
<tr><td rowspan="5">生产工艺废气</td><td>催化裂化再生器</td><td></td><td>$SO_2$、$NO_x$、颗粒物、镍及其化合物</td><td></td></tr>
<tr><td>催化重整再生器</td><td></td><td>$Cl_2$、HCl</td><td></td></tr>
<tr><td>酸性气硫回收</td><td></td><td>$SO_2$、$H_2S$、$NO_x$</td><td>《大气污染物综合排放标准》（GB 16297）</td></tr>
<tr><td>氧化沥青</td><td></td><td>沥青烟、苯并（a）芘</td><td>《大气污染物综合排放标准》（GB 16297）</td></tr>
<tr><td>废气收集处理装置</td><td></td><td>NMHC、苯、甲苯、二甲苯、苯乙烯</td><td>《大气污染物综合排放标准》（GB 16297）</td></tr>
<tr><td rowspan="3">无组织排放废气</td><td colspan="3">油品储罐及装车（装船）</td><td>NMHC、苯、甲苯、二甲苯、苯乙烯</td><td>《储油库大气污染物排放标准》（GB 20950）<br>《大气污染物综合排放标准》（GB 16297）</td></tr>
<tr><td colspan="3">生产装置</td><td>NMHC、苯、甲苯、二甲苯、苯乙烯、$H_2S$、氨等恶臭物质</td><td>《大气污染物综合排放标准》（GB 16297）<br>《恶臭污染物排放标准》（GB 14554）</td></tr>
<tr><td colspan="3">污水集输与处理设施</td><td>NMHC、苯、甲苯、二甲苯、酚类化合物 $H_2S$、有机硫化物、$NH_3$ 等恶臭物质</td><td>《恶臭污染物排放标准》（GB 14554）<br>《大气污染物综合排放标准》（GB 16297）</td></tr>
</table>

续表

| 污染源 | | 主要污染物 | 目前执行（适用）标准 |
|---|---|---|---|
| 无组织排放废气 | 固体废物处理装置 | $H_2S$、有机硫化物等恶臭物质 | 《恶臭污染物排放标准》（GB 14554）<br>《大气污染物综合排放标准》（GB 16297）<br>《危险废物焚烧污染控制标准》（GB 18484）<br>《生活垃圾焚烧污染控制标准》（GB 18485） |

其中，废气排放的标准重点考虑《火电厂大气污染物排放标准》（GB 13223）和《锅炉大气污染物排放标准》（GB 13271），固体废弃物焚烧的污染控制标准重点考虑《危险废物焚烧污染控制标准》（GB 18484）和《生活垃圾焚烧污染控制标准》（GB 18485），具体要求如下。

《火电厂大气污染物排放标准》（GB 13223）的适用范围：

燃料：不包括生活垃圾、危险废物。

（1）各种容量的煤粉发电锅炉。

（2）单台出力 65t/h 以上，除层燃炉和抛煤机炉外的锅炉（无论是否发电）。其中，燃用煤矸石、生物质、油页岩、石油焦的锅炉，按循环流化床锅炉执行。

（3）火电厂各种容量的燃气轮机组。其中，煤气化整体联合循环发电（IGCC）的燃气轮机组，按燃用天然气的燃气轮机组执行。

**表 2-1-4　火力发电锅炉及燃气机组大气污染物排放浓度限值（烟气黑度除外）**

| 序号 | 燃料和热能转化设施类型 | 污染物项目 | 适用条件 | 限值 | 污染物排放监控位置 |
|---|---|---|---|---|---|
| 1 | 燃煤锅炉 | 烟尘 | 全部 | 30mg/m$^3$ | 烟囱或烟道 |

续表

| 序号 | 燃料和热能转化设施类型 | 污染物项目 | 适用条件 | 限值 | 污染物排放监控位置 |
| --- | --- | --- | --- | --- | --- |
| 1 | 燃煤锅炉 | 二氧化硫 | 新建锅炉 | 100mg/m$^3$ | 烟囱或烟道 |
| | | | 现有锅炉 | 200mg/m$^3$ | |
| | | 氮氧化物（以 $NO_2$ 计） | 全部 | 100mg/m$^3$ | |
| | | 汞及其化合物 | 全部 | 0.03mg/m$^3$ | |
| 2 | 以油为燃料的锅炉或燃气轮机组 | 烟尘 | 全部 | 30mg/m$^3$ | |
| | | 二氧化硫 | 新建锅炉及燃气轮机组 | 100mg/m$^3$ | |
| | | | 现有锅炉及燃气轮机组 | 200mg/m$^3$ | |
| | | 氮氧化物（以 $NO_2$ 计） | 新建锅炉 | 100mg/m$^3$ | |
| | | | 现有锅炉 | 200mg/m$^3$ | |
| | | | 燃气轮机组 | 120mg/m$^3$ | |
| 3 | 以气体为燃料的锅炉或燃气轮机组 | 烟尘 | 天然气锅炉及燃气轮机组 | 5mg/m$^3$ | |
| | | 烟尘 | 其他气体燃料锅炉及燃气轮机组 | 10mg/m$^3$ | |
| | | 二氧化硫 | 天然气锅炉及燃气轮机组 | 35mg/m$^3$ | |
| | | | 其他气体燃料锅炉及燃气轮机组 | 100mg/m$^3$ | |
| | | 氮氧化物（以 $NO_2$ 计） | 天然气锅炉 | 100mg/m$^3$ | |
| | | | 其他气体燃料锅炉 | 200mg/m$^3$ | |
| | | | 天然气燃气轮机组 | 50mg/m$^3$ | |
| | | | 其他气体燃料燃气轮机组 | 120mg/m$^3$ | |

续表

| 序号 | 燃料和热能转化设施类型 | 污染物项目 | 适用条件 | 限值 | 污染物排放监控位置 |
|---|---|---|---|---|---|
| 4 | 燃煤锅炉，以油、气体为燃料的锅炉或燃气轮机组 | 烟气黑度，级（林格曼黑度） | 全部 | 1 级 | 烟囱排放口 |

《锅炉大气污染物排放标准》（GB 13271）的适用范围：燃料：不包括生活垃圾、危险废物。

（1）单台出力 65t/h 及以下的蒸汽锅炉、热水或其他热载体锅炉、发电锅炉。

（2）各种容量的层燃炉和抛煤机炉。其中，以型煤、水煤浆、煤矸石、油页岩、石油焦、生物质成型燃料等为燃料的锅炉，按燃煤锅炉执行。

**表 2–1–5　在用锅炉大气污染物排放浓度限值**

| 污染物项目 | 限值 | | | 污染物排放监控位置 |
|---|---|---|---|---|
| | 燃煤锅炉 | 燃油锅炉 | 燃气锅炉 | |
| 颗粒物，$mg/m^3$ | 80 | 60 | 30 | 烟囱或烟道 |
| 二氧化硫，$mg/m^3$ | 400 | 300 | 100 | |
| 氮氧化物，$mg/m^3$ | 400 | 400 | 400 | |
| 汞及其化合物，$mg/m^3$ | 0.05 | — | — | |
| 烟气黑度，级（林格曼黑度） | ≤1 | | | 烟囱排放口 |

《危险废物焚烧污染控制标准》（GB 18484）适用于除易爆和具有放射性以外的危险废物焚烧设施的设计、环境影响评价、竣工验收及运行过程中的污染控制管理。

**表 2-1-6　危险废物焚烧炉大气污染物排放限值**

| 序号 | 污染物最高允许排放浓度值 | 焚烧容量 | | |
|---|---|---|---|---|
| | | ≤300kg/h | ＞300～2500kg/h | ＞2500kg/h |
| 1 | 烟气黑度 | 林格曼黑度，1 级 | | |
| 2 | 烟尘，$mg/m^3$ | 100 | 80 | 65 |
| 3 | 一氧化碳（CO），$mg/m^3$ | 100 | 80 | 80 |
| 4 | 二氧化硫（$SO_2$），$mg/m^3$ | 400 | 300 | 200 |
| 5 | 氟化氢（HF），$mg/m^3$ | 9.0 | 7.0 | 5.0 |
| 6 | 氯化氢（HCl），$mg/m^3$ | 100 | 70 | 60 |
| 7 | 氮氧化物，$mg/m^3$ | 500 | | |
| 8 | 汞及其化合物（以 Hg 计），$mg/m^3$ | 0.1 | | |
| 9 | 镉及其化合物（以 Cd 计），$mg/m^3$ | 0.1 | | |
| 10 | 砷、镍及其化合物（以 As+Ni 计），$mg/m^3$ | 1.0 | | |
| 11 | 铅及其化合物（以 Pb 计），$mg/m^3$ | 1.0 | | |
| 12 | 铬、锡、锑、铜、锰及其化合物（以 Cr+Sn+Sb+Cu+Mn 计），$mg/m^3$ | 4.0 | | |
| 13 | 二噁英类，$mg/m^3$ | 0.5TEQ $ng/m^3$ | | |

《生活垃圾焚烧污染控制标准》（GB 18485—2014）适用于生活垃圾焚烧厂的设计、环境影响评价、竣工验收及运行过程中的污染控制及监督管理。掺加生活垃圾质量超过入炉（窑）物料总质量 30% 的工业窑炉以及生活污水处理设施产生的污泥、一般工业固体废弃物的专用焚烧炉的污染控制也参照本标准执行。

### 表 2-1-7 一般固体废物焚烧炉大气污染物排放限值

| 序号 | 项目 | 单位 | 数值含义 | 限值 |
|---|---|---|---|---|
| 1 | 颗粒物 | $mg/m^3$ | 1h 均值 | 30 |
| | | | 24h 均值 | 20 |
| 2 | 氮氧化物（$NO_x$） | $mg/m^3$ | 1h 均值 | 300 |
| | | | 24h 均值 | 250 |
| 3 | 一氧化碳 | $mg/m^3$ | 1h 均值 | 100 |
| | | | 24h 均值 | 80 |
| 4 | 二氧化硫（$SO_2$） | $mg/m^3$ | 1h 均值 | 100 |
| | | | 24h 均值 | 80 |
| 5 | 氯化氢（HCl） | $mg/m^3$ | 1h 均值 | 60 |
| | | | 24h 均值 | 50 |
| 6 | 汞及其化合物（以 Hg 计） | $mg/m^3$ | 测定均值 | 0.05 |
| 7 | 镉、铊及其化合物（以 Cd+Tl 计） | $mg/m^3$ | 测定均值 | 0.1 |
| 8 | 锑、砷、铅、铬、铜、锰、镍及其化合物（以 Sb+As+Pb+Cr+Cu+Mn+Ni 计） | $mg/m^3$ | 测定均值 | 1.0 |
| 9 | 二噁英类 | TEQ $ng/m^3$ | 测定均值 | 0.1 |

### 表 2-1-8 基于高位热值的容量达到 3～50MWth（兆瓦热输入）的固定燃烧设施的最大排放限值

| 燃烧技术 / 燃料 | 硫氧化合物，如 $SO_2$ $mg/m^3$ | 氮氧化合物，如 $NO_x$ $mg/m^3$ | 干气，剩余氧气含量 % |
|---|---|---|---|
| 往复式发动机 | | | |
| 气体燃料 | 无 | 200（火花点火）；<br>400（双燃料）；<br>1600（压缩点火） | 15 |

续表

| 燃烧技术 / 燃料 | 硫氧化合物，如 $SO_2$ mg/m$^3$ | 氮氧化合物，如 $NO_x$ mg/m$^3$ | 干气，剩余氧气含量 % |
|---|---|---|---|
| 液体燃料 | 含硫 1.5%；如果项目的具体情况有需求，最高不超过 3.0% 的硫（以质量计） | 1460（如果气缸内径小于 400mm）；1600（如果维持高能量效率被证明合理）；1850（如果气缸内径不小于 400mm） | 15 |
| 透平机 | | | |
| 天然气：3～＜15MWth | 无 | $42\times10^{-6}$（发电）<br>$100\times10^{-6}$（机械驱动） | 15 |
| 天然气：15～＜50MWth | 无 | $25\times10^{-6}$ | 15 |
| 天然气以外的燃料：3～＜15MWth | 含硫 0.5%；如果在商业上可行，并且不会显著增加燃料成本，则可以更低（例如 0.2%） | $96\times10^{-6}$（发电）<br>$150\times10^{-6}$（机械驱动） | 15 |
| 天然气以外的燃料：15～＜50MWth | 含硫 0.5%；如果在商业上可行，并且不会显著增加燃料成本，则可以更低（例如 0.2%） | $74\times10^{-6}$ | 15 |
| 锅炉 | | | |
| 气体燃料 | 无 | 320 | 3 |
| 液体燃料 | 2000 | 460 | 3 |
| 固体燃料 | 2000 | 650 | 6 |

注：据《国际金融公司环境、健康与安全通用指南》（2007 年 4 月 30 日）。

上述排放限值适用于每年运行 500h 以上且年度产能利用率达 30% 以上的设施。排放水平应在每小时平均值的基础上进行评估，且应达到 95% 的年度运行时数。

兆瓦热输入（MWth）类别适用于由从相同烟囱排放的多种装置组成的设施，除针对涡轮机和锅炉的氮氧化合物（$NO_x$）排放限值以外，对于涡轮机和锅炉，其兆瓦热输入（MWth）类别是针对单一装置采用的。

燃烧混合燃料的工厂必须根据应用的每一种燃料的相对贡献的总和，将排放性能与上述要求进行比较。某种燃料的贡献是指这种燃料提供的热输入（LHV）的百分比乘以其极限值。

**表 2-1-9　基于高位热值的容量达到 50MWth（兆瓦热输入）以上的固定燃烧设施的最大排放限值**

| 燃烧技术 / 燃料 | 硫氧化合物，如 $SO_2$<br>$mg/m^3$ | 氮氧化合物，如 $NO_2$<br>$mg/m^3$ | 干气，参考过氧含量<br>% |
|---|---|---|---|
| 锅炉 | | | |
| 固体燃料 | 如果为 50～600MWth，则已退化的空气流域为 400；<br>如果大于600MWth，则为 200；<br>如果为 50～600MWth，则未退化的空气流域为 1500；<br>如果大于600MWth，则为 850 | 510（如果燃料中挥发性物质低于 10%，则为 1100） | 6 |
| 液体燃料 | 如果为 50～600MWth，则已退化的空气流域为 400；<br>如果大于600MWth，则为 200；<br>如果为 50～600MWth，则未退化的空气流域为 1500；<br>如果不低于 600MWth，则为 850 | 未退化的空气流域为 400；<br>如果不低于 600MWth，则已退化的空气流域为 200 | 3 |
| 气体燃料 | 400 | 240 | 3 |
| 涡轮机 | | | |
| 液体燃料 | 已退化的空气流域中燃料含硫为 0.5% 或以下（以质量计），未退化的空气流域燃料含硫为 1% 或以下（以质量计） | 152 | 15 |

续表

| 燃烧技术 / 燃料 | 硫氧化合物，如 $SO_2$ mg/m³ | 氮氧化合物，如 $NO_2$ mg/m³ | 干气，参考过氧含量 % |
|---|---|---|---|
| 天然气燃料 | 无 | 51 | 15 |
| 往复式发动机 | | | |
| 液体燃料 | 已退化的空气流域燃料含硫为 0.5% 或以下（以质量计）[ 如果单位大于300MWth，则燃料含硫为 0.2% 或以下（以质量计）]；<br>如果单位为 50～300MWth，未退化的空气流域中为 1170，或者，燃料含硫 2% 或以下（以质量计）；<br>或者，如果单位大于300MWth，则 585 或燃料使用量中含有 1% 或以下的硫（以质量计） | 已退化的空气流域为 400。未退化的空气流域，压燃：如果气缸内径小于 400mm，则为 1460，如果气缸内径不小于 400mm，则为 1850，如果是双燃料，则为 2000 | 15 |
| 气体燃料 | 无 | 火花点火为 200；<br>如果是双燃料，则为 400 | 15 |

注：1. 根据《国际金融公司火力发电厂指南》（2008 年 12 月 19 日）。

2. 上述排放限值适用于每年运行 500h 以上且年度产能利用率达 30% 以上的设施。

兆瓦热输入（MWth）类别适用于由从相同烟囱排放的多种装置组成的设施，除针对涡轮机和锅炉的氮氧化合物（$NO_x$）排放限值以外，对于涡轮机和锅炉，其兆瓦热输入（MWth）类别是针对单一装置采用的。

燃烧混合燃料的工厂必须根据每一种燃料的相对贡献，将排放性能与上述要求进行比较。某种燃料的贡献是指这种燃料提供的热输入（LHV）的百分比乘以其极限值。

表 2-1-10　气域内的环境空气质量值

| 序号 | 项目 | 平均期间 | 空气质量值，μg/m³ |
|---|---|---|---|
| 1 | 硫氧化合物，如 $SO_2$ | 24h<br>10min | 125<br>500 |
| 2 | 氮氧化合物，如 $NO_2$ | 1a<br>1h | 40<br>200 |

上述限值依据的是《世界卫生组织空气质量指南》且仅用于决定是否需要合理可行尽可能低（ALARP）的证明。需要视情况逐个制定针对任何特定场地和/或项目的空气质量标准，并考虑当地情况和适当的法律要求。

## 三、废水排放和地表水保护

废水包括因生产过程而产生的工业废水和因生活活动而产生的生活污水。废水排放应满足所在国的法律法规及环评报告批复的排放要求，及时获得足够数量的排放许可，未处理达标不得排放。废水排放中的主要污染物指标包括化学需氧量（COD）、生化需氧量（BOD）、氨氮、石油类、固体悬浮物等，排放浓度的标准应严格按照所在国的环保要求执行，对于未明确的指标要求，可参照如下排放标准。

工业废水（尤其是采出水）的排放标准可参照国际金融公司（IFC）的“陆上石油天然气开发业环境、健康与安全指南”中有关废水的排放标准，见表 2-1-11。

表 2-1-11　陆上石油天然气开发业的大气排放、废水和废弃物排放标准

| 对象 | 指导值 |
|---|---|
| 钻井液和钻屑 | 按照本篇第二章第三节要求进行处理和处置 |
| 出砂 | 按照本篇本章第四节要求进行处理和处置 |

续表

| 对象 | 指导值 |
| --- | --- |
| 采出水 | 向地表水域或土地排放时：<br>总烃含量：10mg/L；<br>pH 值：6～9；<br>五日生化需氧量（$BOD_5$）：25mg/L；<br>化学需氧量（COD）：125mg/L；<br>总固体悬浮物（SS）：35mg/L；<br>酚类：0.5mg/L；<br>硫化物：1mg/L；<br>重金属（总量）[a]：5mg/L；<br>氯化物：600mg/L（平均），1200mg/L（最高） |
| 水压试验用水 | 按照本篇本章第四节要求进行处理和处置；<br>如向地表水域或土地排放，参考本表中的采出水参数 |
| 完井和修井液体 | 按照本篇本章要求进行处理和处置；<br>如向地表水域或土地排放：<br>总烃含量：10mg/L；<br>pH 值：6～9 |
| 雨水排水 | 雨水径流应使用可将石油类浓度降至 10mg/L 的油水分离系统进行处理 |
| 冷却水 | 废水排放不应导致初始混合及稀释区边缘的温度增加超过 3℃。如未定义混合区，则为距离排放点 100m 处 |

[a] 重金属包括：砷、镉、铬、铜、铅、汞、镍、银、钒和锌。

生活污水的排放标准执行国际金融公司（IFC）的“环境健康安全通用指南”推荐的《生活污水处理排放参考标准》，见表 2–1–12。

石油开采废水（包括原油脱出水、钻井及井下作业等生产工艺生产排放水）应尽可能回注，标准可参照 SY/T 5329—2012《碎屑盐油藏注水水质指标及分析方法》规定的处理达标后回注，同时要采取切实可行的措施，防止地层污染。排放的废水如不回注，应符合国际金融公司（IFC）的“陆上石油天然气开发业环境、健康与安全指南”中有关废水的排放标准要求，见表 2–1–13。

### 表 2-1-12　生活污水处理排放参考标准

| 污染物指标 | 单位 | 指导值 |
|---|---|---|
| pH 值 | | 6～9 |
| 生化需氧量 | mg/L | 30 |
| 化学需氧量 | mg/L | 125 |
| 总氮 | mg/L | 10 |
| 总磷 | mg/L | 2 |
| 油脂 | mg/L | 10 |
| 固体悬浮物总量 | mg/L | 50 |
| 大肠杆菌总量 | MPN/100mL | 400 |

[a] 不适用于集中式市政废水处理系统，MPN= 最可能数。

### 表 2-1-13　回注推荐水质主要控制指标

| 注入层平均空气渗透率，$\mu m^2$ | | ≤0.01 | >0.01～≤0.05 | >0.05～≤0.5 | >0.5～≤1.5 | >1.5 |
|---|---|---|---|---|---|---|
| 控制指标 | 悬浮固体含量，mg/L | ≤1.0 | ≤2.0 | ≤5.0 | ≤10.0 | ≤30.0 |
| | 悬浮物颗粒直径中值 μm | ≤1.0 | ≤1.5 | ≤3.0 | ≤4.0 | ≤5.0 |
| | 含油量，mg/L | ≤5.0 | ≤6.0 | ≤15.0 | ≤30.0 | ≤50.0 |
| | 平均腐蚀率，mm/a | ≤0.076 | | | | |
| | SRB，个 /mL | ≤10 | ≤10 | ≤25 | ≤25 | ≤25 |
| | IB，个 /mL | $n\times10^2$ | $n\times10^2$ | $n\times10^3$ | $n\times10^4$ | $n\times10^4$ |
| | TGB，个 /mL | $n\times10^2$ | $n\times10^2$ | $n\times10^3$ | $n\times10^4$ | $n\times10^4$ |

注：$1<n<10$，清水水质指标中去掉含油量。

海外项目从设计阶段起，应充分考虑污水回用、循环利用的潜力，尽量减少用水量和排放量，设置必要的工业废水处理设施，同时应为营地配置专门的生活污水处理装置。

在排放之前，控制废水温度，确保不会导致混合区边缘出现高于或低于环境温度 3℃以上的情况。混合区的设立应系统性考虑环境水质、水体利用和同化能力等。在没有确定混合区的情况下，采用距离排放点 100m 的区域。

蒸发池等储存设施应采取铺设内衬层等防渗措施，蒸发池最上沿必须高出季节性最高水位，确保足够的安全高度，并采取边坡截水沟等防溢流措施，避免渗流或溢流对土壤和地下水造成的污染。在储存设施周围还应设置标识、围栏、防溢流等防护设施及地下水监控井，选取水质监测项目定期进行监测。如监测地下水水质超标，应采取防治措施，必要时关闭储存设施。作业完成后，应及时清除坑内污水，按照环境管理计划进行处理、恢复。

采出水应优先考虑回注，认真评估各种可行的采出水管理和处置方案，并纳入生产设计。主要的处置方案可依次考虑回注油藏以提高原油的采收率，注入钻至适合的地下接收地层的专用处置井，以及纳入污水处理系统。采出水回注应满足表 2–1–13 的指标要求。

试压水的排放必须经过所在国政府的批准。水压试验完成后，如有可用的处置井，测试用水应注入处置井；如没有可用的处置井，必须向地表水或土地表面排放，则应考虑下列污染防控措施：最大限度缩短测试用水在设备或管道内的停留时间，从而减少化学品需求；使用和排放前应监测水压试验用水的水质，并处理达标；对排放水流使用缓流池或能量消散设施，选择可防止土地被淹没、土壤流失或农业能力降低的排放场所。

对于可能被油污染的工艺区排水系统（封闭排水系统）与非工艺区的排水系统（开放式排水系统）应尽可能分离。所有工艺区均应设立拦水堤，确保排水流入封闭式排水系统，避免污染地表径流。设计时应着眼于可预见的运行情况，为排水池和拦水池留出足够的容量。作为开放式排水系统的一部分而修建的雨水排水道和收集池，应安装油水分离器。雨水径流应使用可将石油类浓度处理至 10mg/L 的油水分离系统进行处理。

对于生活污水，应设置污水处理装置，隔离不同来源的废水，以确保与所选择的处理方法相适应（包括化粪系统），生活污水处理系统产生的污泥应按当地的监管要求进行处置。此外，化粪系统应符合以下条件：根据当地的监管条例和指导意见进行正确的设计和安装，防止对公共健康造成任何危害或污染土地、地表水或地下水；安装所在地有足够的土壤渗漏，可满足设计废水负荷率的要求；安装所在地土质稳定、地形接近水平、土壤排水通畅，且排污区与地下水位或其他承受水域之间有足够的距离。

## 四、土壤和地下水管理

海外项目应严格按照所在国的土壤和地下水相关标准进行管理。土壤的污染主要源于跑、冒、滴、漏及环境事件所产生的落地油中的石油类和重金属。应在试油作业时做好井场土壤的防护，避免大量原油落地；钻修井作业中注意压井替喷的跑、冒油；在起下钻杆、油管、抽油杆过程中，尽量避免放置和清洗时带出的原油；对管线、阀门进行预防性维护，避免故障时的跑、冒、滴、漏；发生井喷或集输管线泄漏等事故情况下的泄漏原油，应对其进行及时清理，避免污油在土壤中停留时间过长等。如果在项目的任何阶段怀疑或确认土壤受到了污染，应查明原因并加以纠正，以避免继续排放和相关的负面影响。

海外项目应落实各项防渗措施，避免污水或污油通过地表水排放或土壤渗入到地下水中，尽量避免或减少地下水与污染物接触的可能性。在进入运行阶段之前，应对项目所在区域的地下水文条件、地下水基准值开展调研，做好记录。在勘探开发过程中，应尽量选择远离水源保护地等环境敏感区域的下游处开展作业，消除水源地被地下水径流污染的风险。使用采出水回注或其他废水回注工艺时，要定期做好地下水监测工作，避免回注水在地下串层。

## 五、固体废弃物管理

海外项目应对本单位的固体废弃物实行识别、分类、收集和台账登记。按照3R原则［即减量化（reducing）、再利用（reusing）和再循环（recycling）三种原则的简称］，编制本单位的废物管理计划（WMP）。废物管理计划应至少包括：废物调查/识别/分类；废物贮存、隔离；废物最少化（减少、重复使用、循环利用和回收）；废物处置（永久或暂时）；以及管理支持、管理和处置方案评价、方案比选和计划实施等内容。

除未被列入所在国《危险废物名录》或经鉴别不具有危险特性的为一般固体废物外，均为危险固体废弃物。对生产过程中可能产生的危险废物，应当制订管理计划。计划内容应当包括减少危险废物产生量和危害性的措施，以及危险废物贮存、运输、利用、处置措施。危险废物应尽量交由具备资质和环保许可的承包商进行处理，并在危险废物产生、贮存、转运和处置的全过程做好目视化标识，跟踪处理后最终去向。

从井筒中取出的钻屑和废钻井液是油气钻井作业产生的最大废弃物来源，应评估可行的钻井液和钻屑处理及处置方案，并包括在钻井方案内。在油气处理过程中，从地层液体中分离油藏出砂，完井时应以从根源上减少出砂为目标，采取有效的井下控砂措施；出砂应作为含油废弃物对待，可与其他固体油污废弃物一起处理。对完井和修井流体（包括完井液及修井液），应在考虑体系、毒性、生物利用度和生物蓄积潜力的前提下，选择最佳的体系，并对这些液体评估可行的处置方案。对于油田的含油污泥，应采用化学热洗脱油与油/泥/水三相物理离心分离相结合的方式或其他方法，对其进行资源化与无害化处理。如果需要，必须准备合适且足够的临时存储空间来放置作业产生的垃圾，提前准备好许可证或执照，对储存场地进行防渗处理，并安装警示牌。

## 六、噪声管理

海外项目应严格按照所在国的噪声质量标准进行管理，对于未明确的指标要求，可参照如下标准。

根据国际金融公司（IFC）《环境、安全与健康通用指南》，噪声影响不应超过表 2–1–14 所列的指标。

表 2–1–14　噪声级指导值

<table>
<tr><td rowspan="3">受体</td><td colspan="2">dB（A）/h</td></tr>
<tr><td>日间</td><td>夜间</td></tr>
<tr><td>07：00—22：00</td><td>22：00—07：00</td></tr>
<tr><td>居住，办公，文教</td><td>55</td><td>45</td></tr>
<tr><td>工业，商业设施</td><td>70</td><td>70</td></tr>
</table>

应对靠近当地人口的开发活动进行基线噪声评估，以估算噪声影响。对重大噪声源，例如永久处理设施的火炬塔，应进行噪声扩散模拟，以确定可达到的噪声级指导值，协助确定设施的选址、设计火炬塔的高度、工程隔音板和建筑物的隔音措施。

应尽量减少与油气田有关的车辆交通，并避免车辆无必要地穿越当地社区。应选择飞行进出路线和低空飞行高度以及飞行作业时间，在不影响飞机和安全的前提下，减小噪声影响。

应对所有生产作业环节的噪声进行有效控制，做好噪声监测、个人防护，在人口聚居区等环境敏感区域处的标准应更加严格，包括尽可能缩短作业时间，避开对野生动物较为敏感的取食和繁殖的地点和季节等。

## 七、放射物管理

放射物管理应满足所在国相关法律法规要求，对于未明确的指标要求，可参照 GB 18871—2002《电离辐射防护与辐射源安全基本标准》，见表 2–1–15。

表 2-1-15　电离辐射防护与辐射源安全基本标准

| 应用 | 剂量限值 | |
|---|---|---|
| | 职业人员 | 公众 |
| 有效剂量 | 20mSv/a，连续 5 年内平均 | 1mSv/a |
| | 50mSv/a，在任一年 | |
| 年当量剂量 | | |
| 眼睛 | 150mSv | 15mSv |
| 皮肤 | 500mSv | 50mSv |
| 四肢 | 500mSv | — |

海外项目应设置并使用放射性同位素、含源射线装置专用贮存库（源库），确保放射性同位素与射线装置处于指定位置，具有可靠的安全保障；移动源库和放射源临时存放点必须符合防护屏蔽设计要求，确保周围环境安全。测录试专业基地放射源库应设置防盗报警装置，作业现场放射源临时存放场箱应设置双锁具和防撬保护罩。

应使用专用的放射性物品运输包装容器；运输途中每行驶 2h 应当停车检查一次，由押运人员对放射性物品及车辆防护设施完好性进行检查、确认；押运人员在放射性物品运输的起运地和接收地必须办理交接手续。

使用放射性同位素与射线装置的，应划出安全防护区域，设置明显的放射性标志，必要时设专人警戒；料位计、厚度计、密度计等含密封源仪表的安装、使用及拆除应当设专人负责，加强警戒及防护；因故不再使用时，应当将放射源归还源库妥善保管。

对于非密封放射性物质，凡超过使用期限需报废处置的，应交厂家回收；被放射性物质污染的废弃个人防护用品应作为放射性固体废物在专用库房内统一存放，包装整备后最终送交取得相应许可证的放射性固体废物贮存单位集中贮存。

根据油田的油藏特点，天然放射性物质（NORM）可能以结垢或污泥的形式在工艺管道和生产容器内沉淀下来。如果存在天然放射性物质，则应制订天然放射性物质管理方案，以便按正确的规程进行处理。应对污泥、结垢或受天然放射性物质影响的设备进行处理、加工或隔离，并采用行业公认的处置做法。如废弃物送往外部进行处置，则必须持有接收此类废弃物的许可证。

## 第五节　生物多样性保护与环境修复要求

### 一、生物多样性保护

海外项目应审慎考虑所在区域的生态功能定位，充分识别生物多样性保护区域和相关活动，对于可能受到影响的具有保护价值的动、植物资源进行评估，根据所在国政府及社区的法律法规和相关要求，制订生物多样性保护行动计划（BAP），优先采取就地、就近保护等措施，减少对当地生物多样性的不利影响。

严禁捕捉、宰杀、购买和食用野生动物，严禁挖掘、采摘野生植物、药物，禁止买卖、携带或保存象牙、犀牛角等野生动物制品。在较偏远地区，设置供野生动物从露天管道沟脱身的坡道（在有野生动物活动的地区，一般是每千米设置一个脱身坡道）。

开辟测线、物探车辆应尽量减少碾压地表植被和表土的面积；作业施工时远离生态敏感区、脆弱区；将井场占地尽可能最小化；海上作业时，尽量避免使用炸药、压缩空气等震源产生噪声，损害渔业资源；维护性疏浚作业时应控制推进速度；避免向寒冷水域排放温热水，破坏生态环境。

应尽量减少各类生产过程和生活活动的占地面积（Footprint），优化布局。可采取的措施包括：一切设施在选址上避开关键的陆地及水生栖息地，并且在规划施工作业活动时要避开每年的敏感时间段；最大限度减少地上永久性设施的土地要求和要清理的土地面积；尽可能避免使用重型设施，特别是在陡峭的斜坡、水域和湿地的交汇处以及林区和生态敏感区；在实际可行的范围内，采用集中处理的模式；最大限度减小钻井作业的井场面积，应考虑采用丛式井、定向井、大位移井钻井技术，最大限度在敏感地点采用这些技术；临时道路和管道走廊方面，尽可能考虑采用已有的公用设施及交通走廊；在建造和操作期间，尽可能减小管道路权带或临时道路的宽度。

### 二、环境修复

对于由投资活动造成的生态影响，海外项目应根据所在国法律法规要求或行业通行做法，制订待复原地点的维护计划，做好水环境污染和土壤污染的生态恢复和环境修复工作。

测线作业、井场搬家、施工现场工作结束后，将现场恢复原貌；将使用完的取土坑、临时道路进行平整、恢复原貌；对陡坡、山区处重新平整到接近原来的地形，水流穿越处恢复原来的河道梯度和外形；回填堆放挖出的土壤时，不得将表层草皮或表土除去；废弃的沙、石、土运送到指定地点存放，不得随意倾倒；因施工对原有水土保持工程、设施造成破坏的，必须修复。

对原油泄漏产生的水环境或土壤污染，以及因环境事故所造成的各类污染，应做好应急处理，及时采取物理、化学或生物修复手段，将污水、污油和被污染土壤进行处理，并获得所在国环境保护部门的认可。

## 第六节　环境事件及损害赔偿要求

### 一、环境事件管理

环境突发事件发生后，海外项目应积极配合所在国政府及其授权或者委托有关部门组织的突发事件调查。根据中国石油对突发事件的相关规定，由相关部门组建突发事件调查组开展调查，相关涉外单位参与调查。

公司事件调查组有权向有关单位及个人了解事故有关情况，并要求其提供相关文件、资料，有关单位和个人不得拒绝。承包商所发生的环境突发事件，甲方单位应参与调查处理。环境突发事件发生后，事发单位应评估事件对当地的环境影响，采取措施进行环境恢复，并及时做好危机管理和媒体应对工作。

海外项目应按规定及时上报环境事件，包括环保险兆事件（Near-Miss）。

## 二、环境损害赔偿

环境污染事故损害是指环境污染事故发生过程中或发生后造成的各类损害，包括污染环境行为直接造成的区域生态环境功能和自然资源破坏、人身伤亡和财产损毁及其减少的实际价值，也包括为防止污染扩大、修复和/或恢复受损生态环境而采取的必要的、合理的措施而发生的费用，在正常情况下可以获得利益的丧失、污染环境部分或完全恢复前生态环境服务功能在这期间的损害。海外项目应在发生环境污染事故时，根据所在国相关法律法规的计算方法，及时做好损害评估，确定损害赔偿的量级，尽量避免与所在国在损害赔偿的数额上出现较大分歧。

# 第二章　钻修井作业环境管理

## 第一节　基本要求

### 一、原则

海外项目及其承包商必须在项目概念设计到项目终止的整个周期中高度重视环境。

海外项目和承包商必须尽一切努力减少对作业区及周边的环境干扰和废物产生量。

海外项目和服务承包商之间的合同必须明确在环境管理方面各自的责任和义务。

承包商必须遵守所在国的国家和地方环保法律法规，以及海外项目公司环保要求和规定。

### 二、法律法规

海外项目及其相关承包商在钻井和修井等作业前必须熟悉所在国在用的国家和地方法律法规中的环保条款。

海外项目必须熟悉和研究与所在国的协议中有关环境管理的条款，以及环境保护方面各自的责任和义务。

海外项目必须熟悉和了解所在国污染物排放标准，包括废气、噪声、废水及固体废物的排放许可量和排放标准。此外还必须熟悉排放许可的申请条件及程序。

海外项目必须遵守所在国国家和地方环保法律法规。在环境敏感地区作业时要遵守所在国有关该区域环境保护的特别规定。任何所在国缺少环境保护的法律法规，并不能减轻海外项目及其承包商履行其环境保护的责任。

## 三、废物和危险品

海外项目必须熟悉所在国和地方有关钻修井作业废弃物管理、储存和运输方面的规定。

必须熟悉并遵守所在国关于危险品的管理规定，如射孔和电缆测井所用炸药和放射源，及其进口、出口、运输、管理和存储这些危险品的要求。

必须遵守公司的废弃物管理要求。所在国比中国石油有更高要求的，海外项目应当优先执行所在国要求。

必须负责向承包商通告所在国和海外项目公司有关管理、处置、储存和运输废物和危险品的法律、法规和管理规定。

## 四、设施

海外项目必须收集和掌握所在国和地方公共资源和能力方面的信息，如消防系统、医疗系统、供水和供电系统等。这些公共资源在某些环境问题发生时可为海外项目提供支持。

海外项目必须调查所在国或地方有关废弃物处理的资源，如生活废物处理公司、油基钻井液及岩屑处理公司和金属回收公司，并确认他们的资质情况。如果没有这些可用资源，海外项目应当建立必要的废弃物处理设施和储存场地，如焚烧炉系统，防渗的存储场地或存储坑。

海外项目应当建立应急响应中心，配备必须的消防和溢油响应设施，如真空吸油泵、储罐、吸油毡、浮动栅栏等。应急响应中心应随开发项目第一阶段同时设计、同时建设、同时投入使用。

## 五、环境影响评价（EIA）

在进行陆地及特殊地形油气勘探开发前，海外项目应对拟作业区块进行环境影响评价（某些项目称为环境和社会影响评价，即ESIA），并将环评报告提交相关的政府监管机构批准。环评报告必须包括环境管理计划（EMP），其内容包括：环境影响和风险的识别和分析；预防或消减措施及环境监测；废物管理；溢油及其他环境事故响应预案；赔偿及再安置预案；沟通及公共咨询方案。

必须建立环境监测方案对所涉环境进行连续的、科学的监测。抽样方法、分析过程和监测数据应标准化。如果需要，监测方法和过程应得到政府相关监管机构认可，监测数据应当定期向该机构提交。

海外项目必须在项目全生命周期内建立并实施废弃物管理和处置方案。方案应包括以下关键要素：相关法律法规系统；污染防治计划或废弃物消减计划；合理的废物识别系统；适当的废物存储和处置程序；废物运输计划；废弃物跟踪、储存和记录系统；事件响应预案；培训方案和废弃物管理审计程序。

废弃物跟踪系统应有文控系统来跟踪记录废物的现场及场外处理的情况。海外项目应当为自建的废物处理设施连同由第三方负责的处理设施一并建立废物处理的审核程序。

在发生环境事件时，海外项目必须及时向有关政府部门、雇员、客户和附近社区告知相关信息，包括提供有关技术和资金支援，安全有效地控制事件发展，事后要将工作场所和社区环境恢复到安全健康的条件下。

现场人员及管理部门必须定期参加环保和安全管理实践培训。培训内容应包括环保法律、规定、规范、细则、废弃物处理和批复的环境管理计划（EMP）。

必须制订应急响应预案（ERP）并定期演习，预案本身及其改进和修改的版本必须更新并得到海外项目的批准。

海外项目必须通过持续监管和有效问责机制提高环保绩效。海外项目应定期对环保绩效进行审核。如果需要，审核结果应向上级单位和相关监管机构报告。

# 第二节　道路和井场准备

## 一、道路

### 1. 引言

探井和开发井所需建设和使用的道路，其长远的环境影响不仅仅局限于所占道路区域本身，其对道路周边也存在影响。原则上应充分利用可用的现存道路，限制新道路的建设规模。当需要建设新道路时，应采取环境可接受的方式进行，并符合所在国家和地方法律法规要求和批复的环境管理计划（EMP），并符合土地所有者的要求。

### 2. 道路规划

（1）在探井或开发井道路设计之前，必须对所在国和地方法律法规，以及与所在国的协议中相关环保条款进行调研并熟知，包括新修道路的申请，现有道路（或政府道路）使用许可证，道路建设所需材料（如泥土、沙子和砾石）的获取，取土坑的申请或关闭流程，以及可用的引水设施或水井的钻探许可。

（2）必须根据所在国或地方相关法律法规或协议规定，在道路建设前，得到政府相关机构批复的道路建设所需的许可证和执照。

（3）应提前进行现场踏勘以确定最佳路径。现场踏勘报告包括道路沿线设计和周边环境、环境影响和风险预防或消减措施。如果需要，该报告应提交相关政府监管机构。

（4）在道路建设初期，应与土地所有者 / 承租人 / 地方监管机构进行沟通。对于土地所有者 / 承租人 / 地方监管机构提出的特殊要求，应予以考虑并纳入建设方案中。

（5）道路路径的选择应充分考虑整个基础建设可能在日后发展为政府道路。因此在设计时，应向政府监管机构 / 土地所有者 / 承租人及其他使用者进行咨询。

（6）在探井或开发井道路设计中，应基于道路的长期使用或临时使用需要，建立道路建设标准。

（7）应考虑在道路建设和维护期间，取土坑取土和面层材料能方便获取。

（8）在油田开发阶段，应考虑道路的长久使用。开发井道路规划应考虑单井管线走向，以降低对地表环境的干扰。

（9）道路占用宽度和空间必须依据所在国或地方法律法规及政府批复的环境管理计划（EMP）的要求。

（10）应当评估道路路径及其潜在环境影响，识别并最大程度上避让环保重点区域，包括：

① 敏感野生动物和鱼类栖息地。

② 存在濒危动物和植物地区。

③ 文化和历史遗迹。

④ 潜在的洪水、雪崩或泥石流（不限于这些）地区。

⑤ 湿地。

（11）当需要时，在规划过程中就应当进行风险削减方案的制订，包括：

① 通过环境评估识别保护区或敏感区。

② 优化作业计划，避开环境敏感时期。

③ 在野生动物和鱼类栖息地、湿地、既有设施、农作物等敏感地区应采用有针对性的设计，使不利影响最小化。

④ 对文化和历史资源应制订适当的保护措施。

⑤ 采取措施对地下设施进行保护，如桥梁、涵洞、管道、光纤、电缆，以及交叉设施，如电力线路、隧道和立交桥等。

⑥ 维护高速公路和当地道路现有的交通模式。

（12）必须制订恢复计划并纳入道路规划中。

（13）道路规划阶段应考虑排水和降尘要求。

3. 设计与建设

（1）道路的设计和建设要根据现场勘查情况进行，对独特的地形和敏感的生态环境、道路安全、修筑和维护方面的要求都应充分考虑。

（2）在道路建设前的规划和设计阶段，应将道路规划方案及后期恢复计划等设计和建设文件准备齐全。

（3）道路路径应优先考虑使用已有的地震测线，以减小或防止对自然环境和社区的干扰程度。

（4）可选路径的开发应适当考虑以下因素：

① 地形地势。

② 水文情况和排水系统。

③ 易被冲蚀的土壤。

④ 取土坑。

⑤ 开挖及回填材料的类型、位置和用量。

⑥ 大气、水和噪声污染。

⑦ 湿地及湿地排水。

⑧ 与社区特点和当地政府需求及规划保持一致。

⑨ 到居民定居点或其他公共永久建筑物的距离。

⑩ 视觉敏感性。

⑪ 电力线路、管道和其他地下或交叉设施。

（5）在环境敏感地区，包括敏感野生动物和鱼类栖息地、湿地、所在国或地方指定旅游区及古代文化遗产，应特殊设计以减小或避免不良影响。

（6）应安排好施工进度，综合考虑季节性限制条件，例如冰雪消融、雨季交替、洪水隐患、泥石流、雪崩、野生动物迁徙等。

（7）道路建设应使用当地材料，应减少或避免树木或稀有植物的砍伐，不可燃烧灌木及连根拔起植被。

（8）道路施工中移除的植被根茎和表层土应保存好。为了后续的道路弃用或植被恢复，应考虑适当地分类存放 / 收集种子、根茎和植被碎片。

（9）在环境敏感和潜在风险地区，如穿越村庄、水坝、湿地、动物迁徙区、急弯、湿滑路面，应在路边设立警告和限速标志。

（10）承包商要提供现场使用危险物品的安全技术说明书（SDS）。在环境敏感地区进行道路施工时，应经常邀请政府监管机构进行现场检查和考评。

（11）海外项目应确认工程承包商确实执行环保和安全方案，包括施工人员培训、危险物品处置、溢油报告、应急响应、项目所在地区特殊环保要求及爆破作业。

（12）应在施工前同承包商召开施工前会议，明确环保和安全职责，确保预定目标的实现。

4. 维护

（1）适当的道路维护对预防和控制道路的侵蚀和沉降非常重要。道路维护单位必须意识到道路维护环境保护的难点和环境敏感地区。

（2）在环境敏感地区，应采取针对性的设计和措施，减小或避免对敏感野生动物和鱼类栖息地、湿地，以及所在国或当地指定旅游区的不良影响。

（3）维护工作的安排应避开敏感时期。

（4）当进行道路刮平作业时，要谨慎施工，避免破坏沟渠和路肩。

（5）应定期清理涵洞、排水沟内的杂物和沉积物，保持水流通畅。涵洞要定期检查，若被阻塞应及时清理。

（6）在敏感季节或地区，要采取降尘措施。清水或雨水可以用于撒播抑制尘土。如使用其他物质（如处理水）进行降尘时，实施前应进行评估。这些物质不可有害于健康、植被和野生动植物，并且得到所在国家或地方监管机构的批准。

（7）应对排水系统和防冲蚀结构进行持续监测，并且根据需要对其进行维护维修，以满足预设功能。

（8）应对道路和护坡侵蚀进行预防和控制，边坡和土壤都应稳固。

（9）在修筑和维修作业期间，应保证应急预案并及时响应。预案应包括暴雨期间或之后主排水系统堵塞、道路冲毁或淹没等事件发生时的应急响应步骤。

5. 废弃与恢复

（1）当道路决定废弃时，必须准备完整的废弃和恢复方案，同当地社区或监管机构进行交流和审核并得到他们的批准。在方案制订过程中，应与土地所有者、社区和相关所在国或地方监管机构进行沟通。通过沟通，道路可能需要移交给当地政府。在这种情况下，对道路的接收方应进行安全使用交底，例如适当的保养和维护，以保持道路的继续使用。相关信息和资料，如移交清单和记录应登记并存档。

（2）恢复程序或方案应遵守所在国或地方法律法规和批复的环境管理计划（EMP）。在恢复前，应与土地所有者和地方或所在国监管机构进行沟通和咨询。

（3）应识别最合适的恢复季节且提前确定最有效的恢复措施。

（4）所有设施如营地、道路应尽可能恢复到与当初的条件一致。可以采取以下措施：

① 应将表面被压实的路基犁松，并将之前储存的根茎和表层土壤重新覆盖在地表。

② 作业期间植被遭到破坏的地区，应使用当地植被进行植被重建。

③ 各施工方必须确认作业现场所有设备都已搬走，没有任何废弃物。

④ 所有危险废弃物必须进行分类并转移到指定地点。

⑤ 拆除所有临时的河流穿越设施，如桥涵。

⑥ 确定地区自然排水系统恢复。

⑦ 考虑已建的河堤是否可以恢复。

⑧ 关闭道路以限制当地人通行。

（5）在所有工作都完成后，恢复情况应得到土地所有者和相关政府监管机构的认可。

（6）为了帮助以后对特定地表恢复措施进行评估，应对临时营地现场和道路敏感路段的当时恢复状况进行拍照，作为永久记录保存。

（7）定期检查植被恢复情况。

（8）对弃用或恢复工作中的所有文档和图片资料应进行分类和归档。

### 6. 简易机场或直升机平台

如果要修建简易机场或直升机平台，应按以下各项执行：

（1）根据所在国相关的法律法规，在进行简易机场或直升机平台规划前，应申请并取得简易机场或直升机平台的修建资质和使用许可证。

（2）应提前进行现场勘查以确定最佳场地。

（3）在设计、建设和验收阶段，应向承运航空服务商咨询技术指标和相关要求。

（4）简易机场或直升机平台的清表与营地的建设基本要求相同，只是必须更加注意机场周围高的结构和树木，以免干扰飞机的起降。

（5）选址应首先考虑使用现有或没有植被的场地，尽量避免新开场地。

（6）简易机场或直升机平台的建设、维护和恢复工作应遵守本章第二节相关要求。

### 7. 打水井

如果营地、道路或井场周围没有任何可用的给水系统，为保证生产和生活用水应考虑钻水井。钻水井应遵守以下要求：

（1）根据所在国或地方规定和批复的环境管理计划（EMP），如必要，在钻水井之前应得到政府相关监管机构许可。

（2）水井位置除考虑方便施工外，还应考虑方便当地居民，因为在施工完成后，水井通常捐赠给当地。

（3）在水井钻探过程中，应采取措施减小对地下水的影响，包括：

① 钻井液是地下水潜在污染物。在钻水井过程中，钻井液最好使

用清水。如果在深水井施工中确实需要使用其他添加剂的钻井液来保持井壁稳定，也只允许使用无毒膨润土作为添加剂。

② 禁止任何油污物进到井眼。

③ 封隔井壁的套管材料必须对人体无害。

④ 填充套管和井壁之间环空所用的沙子应清洁且未受污染。

⑤ 井内下套管后，井口和环空顶面必须密封或水泥封固，以防地表水流入环空对地下水造成污染。

⑥ 钻完水井后，水井必须彻底清洗，保证出水干净。

（4）在投入使用前，应取水样进行化验。

（5）若使用潜水泵，其发生任何润滑油或液压油泄漏，或其他类似污染物泄漏时，应对水井进行清洗直到水样变得清洁可用为止。

（6）在某项作业完成后，水井必须进行可靠的密封并移交给随后作业使用，也可捐赠给当地居民。如果确定弃用，应妥善封堵以防止地下水污染。

（7）所有有关水井建设、水井捐赠或水井弃用的文件、记录和图片资料都应进行分类并归档。

8. 取土坑

（1）应遵守所在国和地方有关取土坑启用和关闭的规定。按相关法律法规及协议的要求，启用取土坑的所有执照和许可证都应提前申请并获得批准。如果决定关闭取土坑，应通报给相关政府监管机构并归档。

（2）应提前向当地政府和社区进行咨询，以确定取土坑的最佳地点。

（3）取土坑的大小和边坡应符合所在国、当地法律法规和批复的环境管理计划（EMP）中的规范要求。

（4）应减小对野生动物或家畜的影响。如果需要，应在取土坑周围设置护栏，以防野生动物或家畜掉入坑中。此外，还应设置警示标志以提醒周边居民。

（5）施工中清除的植被根茎和表层土应保存好。为了后续的取土坑弃用或植被恢复，应考虑适当地分类存放 / 收集种子、根茎和植被碎片。

（6）开挖土壤和土层应节约、有序地进行。

（7）如需要，应在取土坑周围修建挡水墙以防周边雨水灌入。

（8）取土坑可能需要移交给当地社区作为蓄水坑。取土坑的关闭或捐赠应按本节的相关要求执行。当决定废弃时，还应遵守以下规定：

① 应依据所在国或地区规定及批复的环境管理计划（EMP），放缓边坡到要求的程度。

② 已压实的路基应该犁松，之前储存的根茎和表层土应重新覆盖在边坡上。

③ 植被遭到破坏的地区，应使用当地植被进行植被重建。

（9）所有关于启用、关闭、弃用或恢复的文档和图片资料都必须进行分类和归档。

## 二、井场

### 1. 相互沟通

1）海外项目和监管机构之间的沟通

根据相关法律法规，在施工前，井场建设所需的执照、许可证都必须申请并获得批准。

2）海外项目和土地所有者或承租者的沟通

在探井或开发井设计阶段初期，参与钻井和井场建设的设计人员、甲乙方代表和承包商组成的团队应到现场实地考察。实地考察应包括与土地所有者、承租者、当地监管机构或相关方就以下问题进行讨论：

（1）地下管线。

（2）埋地的公共设施（电缆或电话线，下水道或水管线，油气管线等）。

（3）废弃矿井坑道。

（4）考古遗址、墓地、历史文物。

（5）潜在的洪灾、泥石流、雪崩地区。

（6）已知的濒危动植物，或影响设计和施工的湿地。

土地所有者、承租者或当地监管机构提出的特殊要求应进行评估并考虑纳入方案中。

3）公司、承包商以及服务公司之间的沟通

海外项目应与服务公司和承包商就所需要的许可证、相关法律法规和环境管理计划（EMP）进行探讨。若某项作业中包含危险物品，在其开始之前，海外项目派驻监督和承包商应召开工作危害分析（JHA）会议以落实预防和处置措施。现场作业人员应接受专门的环保培训。

制订环保合规审核计划，以确保环境管理各项要求得到有效实施并达到了预期效果。

### 2. 井场评估和施工计划

钻井井场的选择在考虑实现地质开发经济效益的同时，应减小对环境的影响。应考虑以下要求。在环境敏感地区，监管机构或土地所有者可能会要求增加配套措施。

1）井场评估

（1）公共安全。

井场位置选择应减小对建筑、道路及公共区域的影响，并考虑可能遇到的地层气体和液体物质。在井场选择之前有必要进行有毒气体（如硫化氢）的暴露半径分析。

（2）井场大小。

在保证面积足够情况下，应尽量减小受干扰区域的面积。在环境敏感区，井场形状和大小应根据需要具有灵活性。

对于开发井，如果可能，应考虑尽量使用丛式井或水平井以减少干扰面积。

（3）地形地貌。

应充分利用现有地形。在不影响安全的情况下，应考虑地形和坡度来选择道路、钻井液坑、活动房及其他设备的位置。

（4）土壤条件。

支撑设备与道路的地面应具有足够的抗压强度，应避开湿地和不稳定区域或潜在的侵蚀区。应储存表层土以备井场恢复使用。废弃物处理计划的制订要根据土壤和岩床类型及地下水深度进行。如果井场建设要使用炸药，需办理许可证。

（5）地表水。

应考虑对地表水的保护（池塘、小溪和湿地等）。应通过地形、坡度、水沟或水槽将预期的雨水或雪融水引到井场之外。对于敏感水域，可能要求采取屏蔽栅、堤坝或排水沟对设备区进行隔离。

（6）地下水。

应确定地层可饮用水的深度，以采取积极的保护措施。挖导管、大鼠洞、小鼠洞、方井和钻井液坑可能要特别设计。按规定，应设计足够表层套管下深，以保护可用地下饮水层。

（7）野生动物。

应减小对野生动物的影响。应避开明显和潜在的动物栖息地。井场选择或施工计划如威胁濒危物种栖息地或活动区域（或在其附近），有必要对野生动物的影响进行研究或评估。有可能时，需采取布网或其他措施防止野生动物进入井场、掉进储坑或储罐中。

（8）家畜。

与土地所有者或承租者达成一致，根据现有动物的类别，应使用栅栏和其他合适的方法隔离家畜。

（9）植被。

井场选择应减小对植被的干扰。有必要进行区域考察，以识别受威胁的、濒危的或湿地物种，以及它们的生长环境。

（10）文化和历史古迹。

土地所有者和政府监管机构应对所关注区域进行评估。敏感区域可能需要考古。

（11）气候。

应考虑气温、降雨量、降雪量、风速风向和冰冻条件等因素。在预计存在燃烧或有毒气体（如硫化氢）的区域，风向将影响井场方向的选择。

（12）作业计划。

最终的井场布局，或特定材料或设备的使用（比如空气钻井和欠平衡钻井）会影响井场的选择。采油或测试所占场地的使用，油基或其他产品的使用，都会影响井场的选择。

（13）潜在危险。

一些潜在危险，例如电缆线、埋地的天然气管线、临井、雪崩、冻土或泥石流，都会影响井场选择和建设。

（14）恢复。

井场恢复要求，包括监管机构或土地所有者的要求，都应作为最初井场评估的一部分予以考虑。

（15）降尘措施。

如果需要，应根据当地或其他环保规定或环境管理计划（EMP），制订道路和井场降尘方案。

（16）噪声抑制。

如果需要，应根据适用的当地或其他环保规定或环境管理计划（EMP），制订道路和井场噪声抑制方案。

（17）存储区

燃料、润滑油、钻井液、药品、固体废物和废油存储区应下垫上盖或存放在集装箱，以保护野生动物，防止水和土壤污染，降低火灾和爆炸风险。

（18）卫生系统。

应规划卫生系统的安放地点。应考虑配备污水处理系统来沉淀、分离和处理生活污水。任何现场排放生活污水或掩埋残渣都应得到所在国家或地方监管机构的批准和许可。

2）井场设计与布局

（1）油气井井口距离高压线及其他永久设施不小于75m，距民宅不小于100m，距铁路、高速公路不小于200m，距学校、医院、油库和人口密集及高危场所等不小于500m。

（2）放喷管线或燃烧管线最远端距离井口不小于75m，具体距离可根据油气井的产量规模及是否含有毒气体确定。此外，放喷管线或燃烧管线最远端距其最近设施不小于50m。

（3）尽可能降低含硫井内释放的硫化氢对其周边居民的影响。

（4）含硫井井场应开放、畅通，且通风良好。

（5）井口距大坝或水库的距离应遵守所在国家和地方法律法规。

（6）如果由于自然环境条件导致无法满足作业要求，应在相关机构批准后再进行井场布局调整。

（7）营区应选择上风口位置，并且距井场外围不小于50m。在高安全风险国家，营区可能需要和井场放在一起或在井场附近，以保护工作人员远离危险，在这种情况下，可能需要在井场和营区周围建壕沟和设防弹墙。

（8）在旱季，森林和草原中的井场，要在井场周围建防火隔离带，并且隔离带宽度不小于10m。

3）钻井液坑设计

（1）如果所选钻井液及岩屑处理方法或因钻井工程的要求，需设置一个钻井液坑，钻井液坑容量应考虑钻井液废弃量，其中包括岩屑、多余的固井水钻井液、钻机用水和少量雨水等废弃物的总量。钻井液坑的容量应能够完全容纳这些预期的废液量并能防渗，以降低对地下饮用水污染风险并防止与地表水联通。

（2）钻井液坑必须铺设防渗布或进行防渗处理。如果使用防渗布，其材料应能承受正常工作条件并符合相应规定。按美国石油学会（API）钻井作业环境管理指南的要求防渗布的导水率必须小于$10^{-7}$cm/s。

（3）合理的钻井液坑位置应能减少雨水灌入量。

4）燃烧坑设计

（1）在钻井作业中，应在放喷管线或燃烧管线末端设置燃烧坑。在试油作业中，推荐采用闭环作业，即使用油气水三相分离器，仅允许将试油过程中产生的天然气现场焚烧（政府许可），废水收集后拉走处理，原油进行回收。闭环作业不适用时，才在放喷管线或燃烧管线末端设置燃烧坑。燃烧坑不能用作长时间存储或处理流体的场所。燃烧坑的主要目的是圈住可能伴有或含有油气的流体在其内燃烧。

（2）燃烧坑必须进行防渗处理以降低对地表和地下水污染的风险。燃烧坑的大小应与放喷或燃烧管线产生的液量相匹配。应考虑使用分离器（液气分离器）。燃烧坑中的液体应尽快清除。

（3）如果需要，应在燃烧坑周围建堤坝和防火墙，以防液体流出污染环境，和防止点燃草地、作物和树木。

（4）在某些国家燃烧坑的建设需得到许可。海外项目应确定修建燃烧坑符合所在国或地方规定和申报程序。

### 3. 井场准备

井场准备应包含现场勘查，并就计划目标和完成流程进行现场复核和讨论。虽然已与土地所有者、承租者或当地监管机构就施工方案进行了讨论，但在施工阶段，仍需要向他们通报工程进度或计划变更。

1）井场建设

（1）相互沟通与施工方案需按照本节的要求执行。现场监督必须确认井场范围内没有地下管道、掩埋的矿井坑道或任何其他潜在危险。

（2）所在国或地方批复的相关许可证和可行的应急方案都应在现场留有复印件。

（3）清除的表层土应堆放以备恢复时使用。

（4）树木、灌木丛及其他类似可燃物应清离井场。燃烧坑需与可燃物保持足够的安全距离。

（5）如井场需打水井供水，打水井应参照本节中的“打水井”部分要求，水井建设和装备应减小对地下水的污染。

（6）钻机和钻井液罐周围的排水沟应直接引到方井或钻井液坑（如设有）中，这样钻机用水、溢出的钻井液或水能回到钻井液循环系统或钻井液坑中得到重复利用。沟渠中应安装隔油装置。

（7）确认架空设施净空高能满足所有设施的高度。

（8）钻井液坑和燃烧坑应按设计修建，并做防渗处理。

（9）在井场、营地和生活污水坑周围应安装围栏，防止野生动物、家畜掉入。有必要采取拉网或其他方法防止野生鸟类掉进坑或罐中。

（10）钻井液坑和其他坑周围应设置警示带。

（11）如果需要，应在井场周界挖排水沟或挡水墙，防止雨水流入。

（12）在旱季，森林和草原中的井场，要在井场周围设防火隔离带，并且隔离带宽度不小于10m。

2）钻井液坑修建

（1）如果必须在邻近水体的地区、山坡或山崖边建钻井液坑，应考虑采用特殊的工程手段以确保下暴雨时钻井液坑的结构完整，防止外溢。在环境敏感地区，应按要求使用防渗布，防渗墙和闭环（不落地）钻井液处理系统。

（2）钻井液坑必须做防渗处理以防止流体渗入，污染地下饮用水源（USDW）。防渗层应对钻井液坑四周和底部进行保护，形成一道可靠屏障防止任何潜在流体渗入。

（3）除沙漠降雨稀少地区以外，钻井液坑必须建有护堤，保证能容纳所有液体量，预防雨水进入钻井液坑。合理的钻井液坑容量一方面要保证满足钻井作业，另一方面也应考虑区域历史降雨规模。钻井液坑周围应安装足够强度的围栏，防止野生动物、家畜掉入。

（4）如果钻井液是盐水或油基钻井液，钻井液罐或钻井设备周围的排水沟应做防渗处理。任何易于溢漏和钻井液接触到的区域都应铺设防渗布。防渗布必须保证能满足正常作业条件，可以是用天然黏土、合成黏土制成的材料或高密度聚乙烯（HDPE）。

（5）如果钻井液坑内的废物将采用防渗布打包永久密存的模式，防渗布的导水率应符合所在国或地方的规定。

（6）井场应修筑有雨水排水设施，以减少井场雨水流入钻井液坑。

3）营地建设

营地建设应按照本节的承包商营地中相关要求执行。

## 三、承包商营地

### 1. 建设

（1）营地位置选择应减小对当地社区和耕地的影响。由于营区占地是临时性的，所以在选址时应考虑弃用计划。

（2）营地应选择用过的场地、废弃井场或临时不用的井场，以减小对地表干扰及噪声、光线和视觉的干扰。当然，营地位置还要便于筑路和井场施工及钻井或修井作业。

（3）在营地选址时，需提前向当地政府和土地所有者咨询。

（4）应考虑温度、降雨量、降雪量、风速风向和冰冻条件等因素。这些自然条件的充分考虑能够减少对设备、施工和人员的损害。

（5）减小对野生动物的影响。避开明显和潜在的栖息地。应在营区周围安装围栏，防止野生动物和家畜进入营区。

（6）在开发阶段，应考虑将邻近钻机的营区集合在一个场地，减少对地表干扰面积。

（7）生活污水坑

如果需要污水坑，应被建在下坡并距营区（尽可能选择下风口）一定距离，并且在营区污水源的下游。

① 污水坑容量应考虑既定的处理方法、营区生活污水量及少量雨水。

② 污水坑应建挡水堤以防止地表水或雨水灌入。

③ 污水坑应铺设防渗布。

（8）营地场地建设应遵守本节道路中的相关要求。

2. 营地运行

营地可能产生许多不同的废弃物，包括生活污水、生活垃圾、废油、废弃的滤清器、空的石油烃存储桶，以及废弃的建筑材料。

（1）营地管理应减少营地垃圾导致的污染，保证营地健康和卫生。

（2）饮用水必须经过化验，确保达到健康标准。如果需要，应该配备饮用水净化系统。

（3）如果使用公共厕所，公共厕所位置应与水体保持合适距离。

（4）需要采取设围栏、拉网或其他方法预防野生动物掉入池中或灌中。

（5）应定期进行灭蚊、除蟑、灭鼠行动。

（6）如果设置污水坑，除了常规要求之外，还应该遵守以下规定：

① 污水坑应该铺设防渗布。

② 如果需要，污水坑需上盖，以防止苍蝇、蚊子和老鼠接近。这些动物会传播疾病。

③ 如果不适合建污水坑，必须配备污水处理系统。

（7）营地应配备污水处理系统。营房需安装排污管线，排污管线应该连接到污水坑或污水处理系统。应按所在国或地方规定及环境管理计划（EMP），处理生活污水和固体残渣。以下方法可以参考：

① 应配备污水处理系统。处理达标的污水可以排放到环境中，固体残渣可以进行掩埋或转移到指定地点。任何排放和掩埋应得到土地所有者和地方监管机构的许可。

② 可以考虑雇用有资质的生活垃圾处理公司进行污水处理。

③ 可以直接将废水废物转移到指定地点进行进一步处理。作业完成后，撤掉坑内防渗布，并进行回填。

④ 在干旱地区，污水可自然蒸发。当坑内固体残渣变干后，进行回填。

（8）厨余垃圾和其他易腐物质，例如剩饭、食用油、纸张、垃圾不能随地乱扔，因为这些物质会引来野生动物。所有这些物质可以用以下方法进行处理：

① 这些垃圾应该收集到一起并按照所在国或地方规定和环境管理计划（EMP）的要求进行处理。

② 经过土地所有者或地方监管机构许可，可以使用燃烧或掩埋。燃烧不应引起黑烟或粉尘危害。

③ 如果可行，可雇用有资质的生活垃圾处理公司进行这种固体垃圾处理。

（9）储存燃料、润滑油、化学药品、固体废物和废油的地方，以及维修保养车辆的地方都应铺设防渗布、设置护堤和隔离带，以保护野生动物，防止水源和土壤污染，降低火灾和爆炸风险。存储危险废弃物应该选择带盖的场地或容器。

（10）需要特殊处理的废弃物，如废旧电池、油、冷却液、防冻液、滤清器和打印机墨盒，应采用对地表或地下水无污染的措施进行分离和储存，并运送到指定的处置场地。

（11）应对固体和烃类废弃物进行评估，并尽可能回收利用。

（12）发电机的位置选择应考虑盛行风的影响。如果发电机在营区附近，需设置隔音设施。发电机应配备火花消除器，并且经常对其进行检查。

（13）必须确定任何易燃点都已被控制，并且消防设施随时可用。

（14）必须确认所有送到营区的化学物品都附有相应的化学品安全技术说明书（SDS）。化学品安全技术说明书（SDS）应放置在醒目的位置，方便所有人员查看。这些信息应传达给所有现场人员。

3. 恢复

（1）营地恢复工作应遵守本节“道路”中的“废弃与恢复”相关要求。

（2）施工作业完成后，应将现场所有材料、设备和人造建筑（如房屋、桥梁等等）拆除并运走，除非土地所有者或监管机构另有协议。

# 第三节 钻　井

## 一、钻井作业

### 1. 钻井液体系与处理方案

在选用钻井液体系时，应考虑到添加剂的环保风险、固控设备的有效性及废钻井液和钻屑的处理方法，以达到产生废物量最少和花费成本最小的目的。

1）钻井液体系

废弃钻井液是钻井过程中的主要污染源。钻井液体系的选用除应考虑实现其稳定井壁、平衡地层压力和保护油层主要功能之外，选用较低毒或无毒添加剂、更有效的固控设备，减少钻井液处理成本和费用支出也是同样重要的。

（1）在探井钻探之前，应认真地对选用的钻井液体系及其处理方法进行全面评估。所选用的钻井液体系应不但能实现其主要目的，满足所在国的法律法规和环境管理计划（EMP）的要求，而且能使环境影响更小、成本更少。

（2）钻井液服务公司应对钻井液体系进行环境影响评估。如需要，评估报告应提交给政府相关监管部门并得到批准。

（3）钻井液体系和主要添加剂的生物毒性试验需要由指定的权威机构进行。钻井液化学药品的 CAS 号[1]和化学品安全技术说明书（SDS）应作为评估报告的附件提交给政府有关监管部门。

（4）作为环境影响评估的依据，钻井液滤液应进行化验，指标包括（但不限于）：总铬、六价铬、悬浮物、总矿化度、氯化物、含油

[1] CAS 号（CAS Registry Number 或称 CAS Number，CAS Rn，CAS#），又称 CAS 登录号，是美国化学文摘服务社（Chemical Abstracts Service，CAS）为化学物质制订的登记号，该号是检索有多个名称的化学物质信息的重要工具。

量、生化需氧量（BOD）、化学需氧量（COD）等。如需要，该报告应提交给公司和政府监督部门。

（5）应避免使用含有重金属的添加剂。

（6）如需新增钻井液药品，使用前应进行上述相关检测。如需要，该报告也应提交监管部门。

2）废弃钻井液和岩屑处理

应根据毒性检测和钻井液体系的评估结果，选择合理的、经济的钻井液及钻屑处理方法。

钻井作业之前，需向所在国监管机构提交详细的废钻井液和岩屑处理方案，并获得批准。

以下是一些处理废钻井液和岩屑的有效方法。使用者应注意，这些方法并不能包罗万象。所在国和地方的要求会各不相同，有可能更加严格，而且这些法律法规也在不断改进，因此需要不断审查确定处理方法是否与现行法律法规一致。所以处理方法 / 方案 / 许可也应相应地更新。

（1）对于水基钻井液，如果需设钻井液坑，钻井液坑需铺设防渗布。防渗布的导水率应小于 $10^{-7}$cm/s（来源于 API 钻井作业环境管理指南）。通常使用一定厚度的高密度聚乙烯（HDPE）防渗布。任何润滑油、原油、溢油或碳氢化合物都不允许排入钻井液坑。如果因不可预见的事件，这些废物进到钻井液坑，需要立即采取行动清除干净。

完井后，暂时存放在钻井液坑的废钻井液、废水和固体废弃物可以按照以下方法处理：

① 在炎热干旱地区，钻井液坑内废钻井液和水可以自然蒸发，或者转运出去做进一步处理或再利用。当其内固相和残留物干燥之后，可以用其内防渗布将其包裹永久封存、回填。

② 废钻井液和水可以直接转运到指定地点做进一步处理或再利用。钻井液坑内的残留物、岩屑、废水和钻井液可以用水泥或特殊固化剂固化。最后用防渗膜将其包裹永久封存、回填。

③ 废钻井液和水可以直接转运到指定地点做进一步处理或再利用。固体残留物、岩屑同样可以运到允许的地方处理。

④ 最后移除防渗布，回填钻井液坑。

⑤ 有可能不得不使用可移动式处理系统完全无害化处理钻井液坑中的废弃物。这种处理方法虽然最昂贵，但可以完全消除潜在的污染风险。该系统可以通过反复过滤或用离心机分离液相与固相。如果固相符合标准，可以用水泥或特殊固化剂封固，然后埋到指定地点或用来铺路。液相要符合排放标准，应经过沉淀、絮凝、氧化来消除毒性，并用生物降解成低毒或无毒以达到排放标准。有可能需用有毒的无机化学稳定剂来减少废物毒性和流动性，也可能用到半渗透膜系统。

⑥ 最后需要移除防渗布并回填钻井液坑。

（2）对于水基钻井液，在环境敏感地区可能需要使用随钻闭环钻井液处理系统来处理废钻井液、水和岩屑。该处理方法的原理与上述的可移动式处理系统一致。

（3）对于水基钻井液，海上钻修井所产生的废弃液体和钻屑，应重新注入或运至陆上，不得排入大海，除非：

① 符合首次针对钻井液的 96h SPP–3% 体积的 $LC_{50}$ 毒性测试，或者是基于标准毒性评估物种（优选特定场地的物种）的替代测试。

② 重晶石中汞的最高含量为 1mg/kg。

③ 重晶石中镉的最高含量为 3mg/kg。

④ 最高氯化物浓度必须低于四倍的淡水或含盐受纳水体的环境浓度。

⑤ 经沉箱的排放至少在海平面 15m 以下。

（4）对于油基钻井液，钻井液和岩屑不允许落地，也不允许排入周边水体。钻井液和钻屑可按以下方法处理：

① 上面描述的闭环钻井液处理系统可以用来处理含油岩屑和污染泥土，而钻井液可以回收再利用。

② 用后的钻井液可以退回给供应商，回收在允许的地方或再利用。

而钻屑可以运到授权的、有资质的公司处理。

（5）如可行，可以用储存罐代替钻井液坑来暂时存放废钻井液和污水，再按本节中的方法作进一步的处理。

（6）回注地下也是一种处理钻井液和钻屑的方法。在回注前，废钻井液、水和钻屑要运到指定地点进行研磨造浆。回注井应专门设计以实现回注功能。注入深度和地层，以及地层吸收性都要研究确认。套管的固井质量要测试来确认可以防止注入流体与可用水地层沟通。可以用废弃井来作为回注井。

海外项目必须确认回注井井筒有较好的机械完整性，确认油管、套管或封隔器密封良好无漏失，注入流体被很好地限制在注入层。回注井周围可能要有监测井来监测注入效果。

应根据所在国或地方法规来评估这些具体要求。详尽的回注方案（包含监测措施）需提交政府批准。回注报告可能要定期提交给政府。

（7）在开发阶段，钻井液应考虑回收再利用。在此阶段可能需要建立一个具有存储池及搅拌与维护系统的钻井液站。

## 2. 合同要求

在招募服务公司之前，招标合同中应明确以下有关环境方面的事项。使用者应该注意该部分并不包含所有情况。

### 1）一般要求

（1）双方在环境管理上的责任与义务要明确。

（2）应明确界定这些责任，由于一方疏忽、违规、或其他原因引起的火灾、井喷、溢油、渗油或其他任何油气水（或其他物质）的失控流动而引起的污染。

（3）需明确界定因环境影响导致所在国或地方政府罚款的责任。

（4）对双方共同提供的用于紧急情况下消减、运输、处置、处理废弃物的设备、设施和资源应明确界定。

（5）协调社区、所在国或地方监管机构、土地所有者和相关公司以获得批准、许可证、法规和变更的责任要明确界定。

（6）必须明确遵守的环境标准、法规、细则及公司的环境政策、程序和批复的环境管理计划（EMP）。

（7）应当明确协议或许可证中要求的废气、噪声、废水和固体废弃物的排放限值。

（8）应列出所在国或地方关于钻修井作业废物管理、储存和运输的特别规定及禁用的危险化学品。应明确像射孔炸药、测井放射源等必要的有害物质的进出口、运输、管理和储存的要求。

（9）应该明确废弃物管理计划、指南、培训要求，特别是对废钻井液和钻屑的处理。

（10）应明确钻井液坑和燃烧坑必须防渗。

（11）应阐明溢油应急预案和报告程序。

（12）所有化学品必须有化学品安全技术说明书（SDS）。

2）设备

（1）服务公司或海外项目提供的设备在防止、减少、控制环境污染方面要符合所在国、地区或海外项目的环境管理要求。

（2）所有的钻机、钻井液泵、发电机的发动机都应装有消音防火器。

（3）钻井液循环和固控设备要能够安全有效地处理钻井液。钻井液循环罐和储存罐要有足够的容量使排放量最小。固控设备如振动筛、除气器、除砂器、除泥器和离心机要审慎选配，能够使液相回收率和固相排除率最大化，以便尽量减少废水和废钻井液的排放量。

（4）井控设备如防喷器和控制系统、液气分离器、燃烧管线和重浆储备罐应有明确要求和评估。

（5）应明确要求消防设备、气体探测器的数量，类型和质量。井场应配备两种类型的消防水泵（电动和柴油的），足够的储水罐满足初次干预，足够的消防水带能达到井场每个区域，合适的灭火器置于要求的位置。

（6）如可能，钻机底座基础应使用移动式的钢木基础代替混凝土基础。

（7）如可能，应选择移动式水泥基墩和地锚来固定管线和井架，减少对地面的干扰。

（8）应考虑选用钻杆防溅盒，并配备与各钻杆尺寸适合的密封胶心来回收在接卸钻杆时喷溅的钻井液。

（9）应要求选用高压低耗水的清洗器来清洁设备。

（10）应有设施或集装箱来分类存放废料，废金属，护丝和其他有害废物，并方便运离井场。

（11）应配备有足够数量的有毒气体检测仪。

3）营房

（1）小营地和主营地的营房应安装必要的污水处理系统并与下水管道相连。

（2）应明确可行的污水处理方法。强烈推荐营地配备合适的污水处理系统。如选用，应配备一套收集污水的系统，并且能够与处理系统相匹配。应配备足够的配件和化学处理剂，如活性炭和生石灰。

（3）营地所有营房生活水处理设备的管道要易于安装和拆卸。

（4）应使用低流低耗水的厕所、淋浴、水龙头来减少水的使用量和处理量。

（5）所有生活水的测试设备和化学处理剂应明确界定。

（6）每个房间都应配备烟雾报警器。

### 3. 钻井设计要求

钻井设计中应明确以下环境管理事项。使用者应该注意该部分并不包含所有情况。

（1）应具有详细的地质设计。具有压力剖面和地下饮用水的信息。钻井设计必须确定合理可靠的井身结构。表层套管必须封隔饮用水层。表套水泥应返至地面。

（2）表套必须深于井场水井（如有），防止钻遇异常压力串通水井。

（3）表层钻井应使用无毒无害的钻井液药品，推荐使用膨润土。

表层钻井防漏措施要明确。

（4）需有与当前地形地貌和井身结构相配套的井控设计。应明确放喷管线和燃烧管线尾端的距离与方向。应明确加重剂数量和重浆罐容量。

（5）如钻有水井，必须执行水井操作措施使对地下水的污染最小。

（6）钻大小鼠洞推荐使用淡水。

（7）如有特殊地形地貌，或作业期间有天气或环境敏感问题，应有特殊的防范措施。

（8）必须高效用好固控设备，减少钻井液排放。

（9）必须配备有毒气体监测仪。如可能钻遇硫化氢或二氧化碳地层，监测仪器和消除剂必须明确。

（10）必须明确废弃物管理方案、方法和培训要求。钻井液坑必须铺设防渗布。废水应重新利用来减少废物量。

（11）应急演练的频次和时间应明确。

（12）必须明确发生井涌、井喷、井漏、溢油或其他污染事件时的报告程序。

### 4. 搬入与安装

1）井场与道路检查

建成的井场与道路应由相关方检查验收。海外项目监督和服务公司代表需要参与其中并检查确认达到以下条件：

（1）井场地面与道路强度符合生产需要。电源线，管道和其他地下或横跨设施，如桥梁，涵洞和立交桥都得到保护而且强度足够。道路和转弯处宽度足够。所有参数，强度、宽度和净空高满足设计要求。

（2）确认架空电缆线、天桥、隧道等的净空高度满足所有可能的载荷高度。

（3）井场四周的沟渠或堤坝已按设计进行了修建。围栏已安装到位。

（4）水井（如需要）已建好并妥善封闭。

（5）方井和 / 或导管已建好。

（6）钻井液坑（如需要）已按设计要求建好。

（7）井场大小符合设计。钻井液坑和燃烧坑的位置、大小、距离和方向符合设计，并按要求设置堤坝和挡火墙。

（8）营地的生活污水坑（如果需要）已按设计建设好。

（9）井场的平整度符合设计。

（10）在暴雨天气或雨季，钻井液料台或其他存料区已按要求加高。

井场和道路的验收单要由多方签字确认。

2）搬家前的设备准备

在搬迁设备之前，所有设备都要进行检查、密封、排空或捆绑，保证在运输过程中不会有液体泄漏。搬入时，绞车、发动机和其他设备应保证平稳装载在卡车上；到达井场后就位安装时保证没有液体泄漏。要确保剩余的燃料、油漆和稀释剂等固定牢靠，在运输过程中不会泄漏。

3）搬入

（1）对于特殊的货载，如钻井液罐、燃油罐和其他的超高、超宽、超重的设备，在搬迁时要安排护卫车押车，以确保不造成安全和环境危害。

（2）遵照限速和行人安全措施。

（3）采取措施降尘。

（4）不要在暴雨或解冻时搬迁以免因道路泥泞，造成环境敏感问题。

（5）避免损害涵洞和桥梁。

4）开钻前的检查

一旦所有的设备安装到位，要检查现场安装满足以下条件：

（1）任何燃油或机油的渗漏已整改好。

（2）设备和储罐的排水沟和围堤已按照钻井设计要求建好。

（3）水井操作正确，能防止地下水污染。打水潜水泵已经过检查并保证无任何机油和液压油泄漏。

（4）钻井液坑（如有）已铺设了合适材料的防渗布。

（5）油罐和润滑油储存区铺设了防渗布。

（6）高压低耗水的清洗器已安装好。

（7）加重剂和重浆储罐已到位并符合设计要求。

（8）如需要，在潜在的滴漏点下设置接油盘以防止污染井场。

（9）钻井液固控设备运转正常，分离的固相排放到钻井液坑（如果有），合适的废物容器或其他处理的地方。

（10）如果钻井液是盐水或油基钻井液，循环罐或钻井设备周围通往钻井液坑的排水沟已按要求铺设了防渗布。

（11）钻井液防溅装置如钻井液回收盘、钻井液防溅盒和防溅阀已安装到位。所有的管线和钻井液罐无漏失。

（12）钻井液添加剂摆放整齐，上盖下垫，通道畅通方便配置。所有的化学材料有标识和化学品安全技术说明书（SDS）。

（13）如果使用闭环钻井液处理系统，要对其进行安装、检查和试运转。

（14）开钻前和完井后对指定地点的土壤和地下水进行取样分析，以便对环境影响进行评估。

应由海外项目代表、服务公司代表和有可能参加的政府代表来参与检查与验收。

5）空气钻井的特殊要求

空气钻井作业时要考虑以下事项：

（1）钻井液坑的大小要能够接受和阻留从排屑管排出的钻屑。从排屑管出来的粉尘要用液体喷淋或洗涤器进行喷润降尘。

（2）排屑管燃烧管线要设置在对周围植被或设施危害最小的地方。

6）井控设备

井控设备安装时应考虑以下几点：

（1）在连接防喷器控制管线前，如果用液压油冲洗储能器控制管线，需要收集排出的液压油并妥善处理或者回收再用。

（2）任何液压管线、储能器油泵或储油箱漏油必须整改。

（3）节流管汇、液气分离器和除气器必须按设计安装。

（4）起下钻钻井液补给罐必须能有效监测起下钻时的钻井液增量和漏失量。

（5）所有的压力装置必须按照钻井设计或规范进行试压。

（6）需按照钻井设计安装有毒气体检测仪。

（7）所有的井控设备须符合相关规范和钻井设计。公司和承包商代表要检查所有井控设备，确保性能可靠。

7）卫生设备

按照本章第二节“三、承包商营地”中“营地运行”和本节“一、钻井作业”中“合同要求”的“营房”要求，安装测试污水处理系统，并保持清洁卫生。

8）现场管理

设备安装后，所有的杂乱器材如板材、管线、废铁等需要清理、摆放整齐。现场应摆放有垃圾桶、废料箱或其他收集箱来存放废弃物。应按照相关的法律法规来处理生活垃圾。任何一种存放生活垃圾的方式都要尽量减少吸引苍蝇，老鼠或其他害虫。生活垃圾不能与钻井生产废物混合。

### 5. 钻井作业

1）文件准备

开钻前现场应有如下文件并就这些文件与所有相关服务方进行交底。

（1）除所钻井不需要获得政府批复外，所有资源国或地方监管机构为钻探井或开发井批复的相关许可证的复印件。

（2）政府监管机构批复的关于钻井液体系、废弃钻井液和钻屑处理方案的复印件。

（3）政府批复的环境管理计划（EMP）。

（4）与所在国或地方法律法规和批复的环境管理计划（EMP）一致的承包商废物管理方案。

（5）钻井服务合同的复印件。

（6）批准的地质设计和钻井设计的复印件。

（7）井控管理实施细则。

（8）井喷、溢油和硫化氢泄漏的应急预案。

2）开钻前钻井方案交底

必须召开钻前会议，讨论职责和方案。关键钻井工程方案制订人员和实施人员应出席。环境保护内容须是方案交底的重要部分。

应包含以下几点：

（1）审查许可证，包括应遵守程序。

（2）应对废物处理的法规、公司政策和要求进行宣布和交底。

（3）为了保护环境和减少废弃物处理成本，应交待废物管理及污染防治方案，应强调减少废物和污染物排放量的重要性。应告知指定的垃圾处理点和垃圾处理公司。

（4）应讨论确定交通控制的具体规定，如限速、停车位置、行车安全问题和应对恶劣天气的程序和步骤，来保护进井路沿线植被或环境。

（5）应讨论应急预案，溢油应急程序和演练方案。

钻井过程中的实际情况可能与钻井方案中的不同。钻井方案通常需要根据这些实际情况进行更新和修订。通过现场人员，政府代表和设计人员的交流可以更好评估环境影响，进而来修订和完善方案以达到对环境持续和更有效保护。

3）钻井液体系

（1）应采取措施减少钻井液漏失。液体套管（封堵剂）和堵漏材料（LCM）应预先存储在现场。

（2）表层的钻井液添加剂应无毒无害，推荐使用膨润土。应采取措施防止钻井液漏失或渗漏而影响地下水层。

（3）钻井液固控设备应保持良好状态以减少废物量。

（4）废旧的机油和燃油不得进入钻井液系统、钻井液坑、钻机和钻井液罐周围的排水沟。

（5）现场应保证足够的加重剂以备紧急情况下提高钻井液密度。混合漏斗和搅拌器要能高效混合和均匀分散加重材料。

（6）如有可能，所有的钻井液特别是油基钻井液应退给供应商或保存再利用。当使用油基或盐水钻井液时应在钻台、振动筛、除泥除砂器和撇油器下设置钻井液回收盘来防止滴漏到地面。在引进任何油基钻井液之前需检查钻井液系统是否有漏失并且进行必要的维修。如需要，应对钻井泵的密封件进行检查和维修。应注意油基钻井液的运送方式，应采取必要的措施防止漏失和落地。

（7）所有到井的钻井液材料都要按相关法规运输并按化学成分、数量以及潜在风险进行储存。钻井液材料应配有相应的化学品安全技术说明书（SDS）。必须确定是否要对某种钻井液药品进行特殊的处理或操作。

（8）如果采用的是闭环钻井液处理系统，应按要求安装、检查、测试该系统。废弃物处理程序应纳入例行监测、监督，以确保处理结果符合要求。应定期联系当地环保部门和土地所有者来检查和评价处理结果。

4）钻井液坑

如果设置了钻井液坑，应执行以下措施：

（1）储存在钻井液坑内的废物仅限于钻井液、岩屑、钻机清洗液、返出的水钻井液和某些完井液，一定不能用来处理含油废弃物，生活污水或其他相关废弃物。

（2）如在不可预见的情况下，在钻井液中必须加入碳氢化合物来处理井下异常问题或意外钻遇盐层或异常溢流，导致碳氢化合物、原油或盐水进入钻井液坑时，需采取补救措施，包括立即清除烃、原油或盐水。

（3）在钻进或完井阶段，任何意外进入钻井液坑的碳氢化合物或原油都要立即除去。

（4）除了在遇到麻烦或紧急情况下，润滑油、化学药剂都不允许进入钻井液坑。任何进入钻井液坑的润滑油和化学药剂都要立即清除。

（5）雨水应不允许（或尽量少）排入钻井液坑。井场外面的雨水不应进到井场。

（6）应注意钻井液坑的防渗布。井队必须确保防渗布的完整性。作业时应避免对防渗布造成物理（撕裂或穿孔）或化学（溶解、渗透或反应）损坏。

（7）海外项目或其承包商需维护好堤坝，防止液体外溢造成非许可的排放和泄漏。

（8）应采取以下方法尽力减少废物的排放量：

① 优化固控设备。

② 减少水的使用和避免过量的化学药品及添加剂。

③ 废水再利用。

④ 录井岩样清洗用容器代替用水管直接冲洗。

⑤ 只要切实可行，油基钻井液或其他高密度盐水都应该回收再利用或退还给服务公司再利用。

⑥ 把未使用过的化学药品、添加剂和钻井液退还给供应商。

5）井控

（1）地层压力控制是环境保护的一个重要因素。应培训现场人员，做好井控职责的履行。应安装、测试井控设备，并使之处于良好的工作状态。通过定期演习来培养员工的井控意识及井控操作能力。

（2）使用防喷器和内防喷工具，确保钻完井每道工序都处于受控状态。

（3）储备足够的压井材料，保证在紧急情况下有材料来提高钻井液密度。

（4）应准备好井涌、井喷、溢油的应急预案并定期演练。在紧急情况出现时，须启动汇报程序。

6）钻井设备

（1）所有设备应满足合同要求。

（2）甲乙方提供的设备都要维护在良好状态。发动机的噪声和排放需可接受。

（3）所有钻机、钻井泵、发电机的动力设备排气管都要配备消音防火器。

（4）维修保养时，任何废油、润滑油和燃料都不允许滴落到地面。

（5）甲乙双方任何有溢出或泄漏风险的货物都要妥善包装、储存，以减少在运输过程和意外情况下泄漏的风险。

（6）应适当调整光源并使之照射井场内。

7）钻柱

（1）清洗螺纹程序要能减少溶剂溢出或滴落的风险。使用过的溶剂应按照所在国或地方法规或环境管理计划（EMP）的要求处理。

（2）应选择安全环保的管柱润滑脂。避免使用含铅的润滑脂。钻井设计中应包含润滑剂的合理使用指南。

（3）未用完的管柱润滑脂应重新密封标记，备下次使用。空桶应按照相关规定存放处理。

8）营地废物

井队营地产生的废弃物按照本章第二节“承包商营地”中的“营地运行”和本节“钻井作业”中“合同要求”中的“营房”要求处理。

9）钻井废物

钻井作业中产生的废弃物，包括废钻井液、岩屑、废机油、液压油、发动机废润滑油和冷却剂、废油滤器、空漆桶、螺纹润滑脂和其他材料的桶或容器。

这些废弃物应按照以下方法管理：

（1）废钻井液和岩屑的处理应参照本节“一、钻井作业”中的“钻井液体系与处理方案”“废弃钻井液和岩屑处理”要求执行。

（2）轮胎、油漆、某些管柱润滑油、螺纹清洗剂、油滤器、墨盒、废油、冷却剂、防冻液和电池等，这些危险垃圾都要进行分类，需要特殊收集、储存、标明并运输到指定地点。这些废弃物不能与无害的废弃物混合在一起，因为这样做会使得所有的混合废弃物都归类为有害物。有害废弃物应存放在有遮盖区域或容器内。

（3）化学药品、燃料、润滑油和废弃物存放区都要铺设防渗布以防止污染土壤或地下水。

（4）钻井泵区、发电机区和化学药品的存放区需要有能收集滴漏、泄漏和排放含油液体的容器。

① 燃油罐应下垫防渗布并围堤，防止泄漏到外面。装载区应设置接油盆以备漏失时能有效处理。

② 化学药品储存区周围应考虑上盖下垫以防止污染土壤和泄漏到外面，同时要考虑到暴风雨的影响。

（5）废机油、冷却剂、防冻液等钻机设备产生的废物需要与能进钻井液坑的废物隔离开来，应回收或运到指定处理地点。

（6）在使用螺纹润滑油、油漆或其他任何化学药品和材料时要特别注意。未用完的可以留在井场继续使用或退还给供应商。空桶可以回收、送到金属回收公司、或运送到指定处理点。

（7）如可行，应用散货集装箱代替桶或其他容器。如果桶不能退给供应商，并且含有毒或可能有毒物质，需反复冲洗后压扁，作为废金属回收，或送到允许的固体废物处理站或指定处理点。

（8）桶的清洗液要检查确认是否有毒。

（9）如可行，海外项目应有预见地将油井处理设备（真空吸油泵、泵车、储罐等）放在现场，在发生井涌、井喷、溢油、井漏和泄漏的紧急情况时，大量原油或水可能排入钻井液坑，以便这些油或水能得到及时地清理。这些地层流体必须立即清理干净，并且运到指定处理地点或由专业清理公司处理。对于其他井下处理所排出的废液，如解卡剂、完井液，都要分类存放再使用、退给供应商，或运到指定地点作进一步处理。

（10）废油漆可以参照以下几点来减少数量和毒性。

① 不要经常刷漆。

② 采购低毒且不易挥发的油漆。

③ 尽量使用水基或高固体分油漆。

④ 通过培训员工减少返工和浪费。

⑤ 小面积的防腐用刷子代替喷涂。

⑥ 处理前确认油漆桶已空且干结。

废油漆和溶剂应回收再用、退回供应商、或妥善处理。

（11）可以通过以下方法减少滤清器（如机油和燃油）的数量：

① 使用可以清洗和重复使用的永久性滤清器。

② 根据压降、测试等来增加滤清器更换时间。

③ 优化设备操作来减少液体的降解和污染。

滤清器应回收或送到指定地点处理。

## 二、完井作业

除了以下需要强调的部分，本节“钻井作业”中的所有相关要求都适用于本部分。

### 1. 测井

（1）现场放射源管理按如下要求：

① 测井工具放射源的存放和运输应符合所在国的法规和行业标准。

② 当放射源到达井场后，放射源需要移到井场空旷地区，并在其周围设立警戒带。警告现场无关人员远离。现场人员应被告知放射源的危害。只有经培训有许可证的专业人员才能操作放射源。

③ 需制订有批复的放射源遗失井内或地面的应急预案和报告程序。

（2）在井口清洁电缆和仪器带出的油和钻井液，并且在潜在的滴溅区域垫好防渗布。

### 2. 套管或油管

（1）清洗螺纹程序要能减少溶剂溢出或滴落的风险。使用过的溶剂应按照所在国或地方法规或环境管理计划（EMP）的要求处理。

（2）应选择安全环保的管柱润滑脂。避免使用含铅的润滑脂。完井设计中应包含润滑脂的合理使用指南。

（3）未用完的管柱润滑脂应重新密封标记，备下次使用。空桶应按照相关规定存放处理。

3. 固井

（1）水泥、添加剂和隔离液化学药品的环境管理应按照本节“一、钻井作业”中“钻井液体系与处理方案”中的要求实施。

（2）必须测水泥胶结（CBL）或同等的测井来评价固井质量。如果水泥返高不够或胶结质量不合格，需要采取补救措施来阻止未封隔的油气水上窜到井口、地面或可用水层。

（3）表层套管固井水泥需返至地面。如没有，应在井口打足够深度的水泥帽。

4. 完井液和化学药品

（1）完井液和化学药品的环境管理参照本节“一、钻井作业”中“钻井液体系与处理方案”中的要求执行。

（2）所有运到现场的完井化学药剂的运输和储存都要遵守相关法规。药品要有标明化学成分、数量和潜在危害的清单，并应附带化学品安全技术说明书（SDS）。必须明确对某种药品是否需要进行特殊的处理或操作。

（3）应提前对运输完井化学药品到井场的容器类型和方法进行选择与评估。完井化学药品应存放在合适的地方。如可能，尽量减少使用不可重复使用的容器（如油桶）。

（4）化学废料不能接触土壤，不能倾倒到地表水或混入钻井液或完井液中。所有未用完或井内返出的化学品应回收再利用或退回供应商或运到指定地点做进一步处理。

5. 射孔

准备好满足所有潜在的井涌所需的储备罐。射孔作业过程中，井口控制设备必须到位好用，尤其在进行负压射孔时。

6. 酸化

（1）每次酸化作业的酸液类型和数量要在运到现场之前确认好。必须有效识别和控制酸液在运输途中的风险，避免事故的发生。必须和所有参与酸化作业的人员交底相关化学品安全技术说明书和应急预案。

（2）如必要，要在开工之前准备好足够的废酸和井口流体储备罐。废酸（返出酸）的现场储存必须得到限制，并尽快处理。

（3）在实施酸化作业前，应制订处理废酸、井内返出液体和固体的方案。在完成作业后，所有未使用的酸液和液体应由服务公司运走。所有液体不应与地表接触或排放到井场设施中。

7. 压裂

（1）须向所有参与人员交底混合压裂液方法及随后高压注入的方法。应交底意外排放产生的潜在环境风险。应向所有参与人员交底处理意外排放的应急预案。

（2）在完成作业后，所有未使用的压裂液和化学品应由服务公司运走。压裂液不应与地表接触或排放到井场设施中。

## 三、搬出

1. 设备准备

在搬出之前，检查所有设备以减少环境风险。

（1）井口安装完好并按设计进行试压。

（2）采取所有必要的预防措施以防止机油、燃油、润滑油泄漏或滴漏到地面上。所有可能泄漏机油、燃油、液压油、废水和钻井液的拆卸法兰、接头和接口，都要有效封堵以防搬动时泄漏。拆卸时备好接油盘或铺设防渗布防止液体滴落到地面。

（3）按照设计或废钻井液处理方案，所有钻井液罐和储备罐应排空并清除干净，关好所有阀门和闸板，避免在运输过程中的泄漏。

（4）罐装的液体，如燃油、机油、油漆和稀释剂都应固定牢靠确保在运输中无泄漏。罐中的燃油或机油应保持在安全高度。

（5）搬出时，绞车、发动机、储罐和其他设备都应平稳装车，并要求卡车司机安全运输，确保没有液体泄漏和意外发生。

（6）设置在油罐下方、围堤和润滑油储存区的防渗布或接油盘，其中的液体应收集到专用的容器中，并确保不会漏到地面上。

（7）如果决定不试油而弃井，应按照本章第二节中的要求执行打塞、弃井和井场恢复程序。

2. 搬出

该部分同本节“一、钻井作业”中的“搬入与安装”要求。

3. 井场清理

1）钻井液坑

如有钻井液坑，应按照以下要求检查完善：

（1）在钻井液排入钻井液坑后，液面高度应比围堤顶面低 0.6m。如果在恢复之前钻井液坑要经历雨季或暴雨天气，液面与堤面的高度差应更大。

（2）钻井液坑的围堤应完整无缺，以防雨水流入。

（3）任何进入钻井液坑的润滑油、化学品、碳氢化合物须在搬家之前都撇去。应定期检查，一旦有以上废物出现，要立即清理。

（4）保持钻井液坑的防渗布完好、围栏或警示带完整，并安排看护，在钻井液坑角设置警示牌。

（5）必须有后续处理与恢复方案。

2）燃烧坑

（1）残油、钻井液和废水必须清理到一个专用容器，并运送到指定地点作进一步处理。

（2）当燃烧坑清理干净且验收合格后，应尽快实施回填和恢复方案。

3）方井和鼠洞

（1）方井应排空，含油污染物须清理干净。

（2）填好大小鼠洞。

（3）如必要，应在井口设置盖板和类似装置防止人、野生动物、家畜掉入其中。

4）水井

水井的处理方式按本章第二节“一、道路”中的“打水井”相关要求执行。

5）生活污水坑

（1）如设有污水坑，处理方式按本章第二节“三、承包商营地”中的“营地运行”相关要求执行。

（2）如必要，当污水坑清理干净且验收合格后，应尽快实施其回填和恢复方案。

6）井场清理

（1）所有未使用的材料都应搬离井场。

（2）如可能，钻井废物应回收。井场废物应进行收集并分类。所有废物的处理应符合所在国或地方法规或环境管理计划（EMP）的要求。

（3）挖出污染的土壤并运送到指定地点。

（4）围栏应完好，备随后作业使用。

（5）可能需要专人看守围栏、井口、水井和坑。

### 4. 井场检查与验收

（1）钻机搬迁完后，应由相关方对井场进行环境检查。监督和服务公司代表需要确认上述提到的所有要求（但不仅限于这些），都已完成。

（2）验收表应由多方签名来确认现场已达到移交要求。

（3）所有关于井口、钻井液坑、燃烧坑、污水坑、井场清理、方井、水井和围栏条件的资料、记录和照片都应整理与存档。

5. 钻井液坑的关闭

如本节“一、钻井作业”中“废弃钻井液和岩屑处理”要求所述，钻井液坑的关闭取决于钻井液和岩屑处理方法的选用。如设有钻井液坑，关闭按如下要求：

（1）海外项目应在钻井作业停止之后尽快关闭钻井液坑，以避免潜在风险。

（2）在关闭钻井液坑之前，需清除坑内油污，并对坑内液体进行取样。分析其金属离子和盐含量是必要的。

（3）在炎热干旱地区钻井液坑内的液体可以自然蒸干，或在达到回注标准后注入废物回注井，或运出做进一步处理。

（4）关闭前对坑内固相进行取样、分析。

（5）在炎热干旱地区坑内残余固相可以自然蒸干，然后用防渗布包裹埋到地下；或者运到指定地点磨碎与废液一起注入回注井；或者运到允许的异地处理设施做处理。在某些情况下，现场固化和稳定来减少特殊成分的流动，可能是更现实的。

（6）当使用盐水钻井液或在敏感地区作业时，可以使用可移动式处理系统来处理钻井液坑的废弃物，最后需要移除防渗布并回填钻井液坑。

（7）关闭钻井液坑前，海外项目监督、社区关系负责人和政府代表应进行现场检查验收。

（8）钻井液坑需要回填、压实，在必要地方重建植被保持地面稳定，防止土壤侵蚀。回填区可能要考虑垫高以允许一定的沉降。要记录好钻井液坑的位置。

（9）海外项目需要保存好运出废液和废渣的类型、体积、分析数据、地点、处理方式和数量的纪录。

（10）整理并存档所有关于钻井液坑恢复的文件和照片。

# 第四节 试　油

在发现油气的地层，可以通过试油来确定储层流体流量、类型和地层压力。试油会产生原油、天然气和地层水，每一种都必须处理。同时，火炬和燃烧器会造成大气排放等污染物，包括燃烧产生的光、噪声、热、粉尘，以及对社区、旅游和娱乐的视觉影响。

若发现储层没有商业开采价值，可以将该井废弃或用作回注井。

## 一、试油作业

### 1. 文件准备

在试油作业之前，应该与政府监管机构、当地社区和土地所有者进行沟通交流。必须提出详细的试油方案，包括产生的原油、天然气和地层水的处理措施，并且必须获得批准。

（1）试油作业应该优先选用低毒（或无毒）液体，其中包括完井液、压裂液、压井液等。方案中应附有化学药品或添加剂的 CAS 号和化学品安全技术说明书（SDS）表，一并提交批准。

（2）必须向监管机构提交收集、存储和处理所有产出流体的方案，包括产生的原油、天然气、地层水、回流的压井液、压裂液，以及燃烧天然气、原油的方案。

（3）处理原油和天然气这些废物，通常用燃烧器烧掉。在某些国家，石油和天然气的燃烧受到敏感地区的限制。火炬和燃烧应获得批准并按照相关管理规定执行。

（4）必须制订关于溢油、漏油和井喷的应急预案并应附在作业方案中。

### 2. 合同要求

合同中有关环保管理中的一般要求已经在本章第三节的“合同要求”中列出，除此之外，试油合同还应对一些专用设备进行要求：

（1）海外项目所采用的测试技术和设备必须基于储层类型、目的层预期流体性质及可能的开发方式。

（2）钻机、钻井泵、发电机的发动机排气管必须配备消音防火装置以消除任何火花。进入井场的所有车辆都必须安装排气管防火花装置。

（3）钻井液储罐应配有振动筛分离岩屑，并配有搅拌器以助混合液体。在气体活跃地区，需要配备真空除气器。储液罐应有足够大容积、有效撇油功能，以及足够的隔仓来储存完井液、洗井液、压井液和原油。在低温环境下或预见有稠油时，应该考虑为原油罐配备间接加热系统。

（4）原油罐必须配有高效泵困泵（PCP）或隔膜泵，以便将原油外输到油罐车。

（5）在包括洗井、射孔、测试、抽吸、测井、试压、打桥塞或装井口等每一项工序中，封井器、内防喷工具、节流管汇、压井管汇，所有井控系统，都必须认真评估，确保每一工序井内压力受控。

（6）焚烧产生的原油，应选用高效燃烧器，并配有远程丙烷点火装置和柴油注入系统。应使用高效供给泵将所产生的原油从计量罐/缓冲罐输送到燃烧器，并应配有另一注入泵向燃烧器注入柴油，以支持原油能完全燃烧，降低粉尘和烟污染。

（7）必须使用完备的空气压缩机，包括无火花防护罩、火花熄灭器、主动断气停机装置、止回阀和内部连接管线，并与高效燃烧器相匹配，以支持原油能够完全燃烧，降低粉尘和烟尘污染。

（8）应选择配有自动点火或同等装置的火炬，烧掉试油期间产生的天然气。

（9）在可能产出稠油或可预见的低温天气时，可能要选用间接加热装置。

（10）抽吸作业中，必须考虑使用抽吸计量罐。

（11）应配备所有型号油管的抽吸工具，包括抽吸作业井口、抽吸工具部件、抽吸防喷器、原油回收装置、回收装置液压泵及管线、抽子、润滑装置和其他所需工具。原油回收装置非常重要，用来预防抽吸钢丝绳带出的原油造成滴溅污染。

（12）如果预计是高含硫气井，应考虑配备除硫装置和除硫剂。

（13）如果在试油过程中使用加砂压裂，应考虑对回流液体除砂，并且可能需配备过滤设备。

（14）必须明确所需消防设施、可燃气体检测仪和 $H_2S$ 检测仪的数量、类型和质量。

（15）应该选择可移动水泥基础和地锚来代替“死基础”固定管线和井架，以减小对地面干扰。

（16）应考虑配备油管刮油器和油管排放管线，清除黏附在油管内外壁上的原油，减少原油滴漏。

（17）所有试油工具，包括地面试油树、节流管汇、三相分离器、下井工具［如全通径（APR）或中途测试（DST）工具等］，都应确定其抗硫性和密封性。

（18）可能需要设立现场实验室，进行现场油气的密度测量、重度测试、氯离子和硝酸测试、地面压力和温度记录、$H_2S$ 和 $CO_2$ 检测。

3. 试油设计要求

试油设计中应将以下事项作为环保管理重点，且应考虑其他相关方面。

（1）必须进行详细的地质设计。必须对目标层地层压力和流体性质进行预测。

（2）必须全面回顾钻井作业情况，包括使用的钻井液性能、钻井液密度、油气显示、套管结构、井涌或溢流、是否含有 $H_2S$ 气体、发生的事故等。

（3）应通过水泥胶结（CBL）数据评估水泥胶结质量。必须确定是否通过打水泥塞或挤水泥来保护地下水或已开采地层。

（4）必须为产出的天然气、原油、水及回流液体制订具体的处理措施。在试油作业方案中应确定油类物质的收集、存储和处理计划，以及产出的天然气和原油的燃烧方案。

（5）必须为产出的原油、水或回流液体确定储存罐。

（6）必须制订溢油或漏油、井喷、$H_2S$ 泄漏的应急响应预案，并明确应急演习的要求。

（7）应确定政府规定中大气排放、噪声或光污染的限定阈值。

（8）必须明确采取所有必须的预防措施，防止原油泄漏到地面上。燃烧坑必须防渗处理，由于温度过高可能需要水泥池或钢制池。钻机底部、管架、测试设备、工具间都必须铺防渗布。如果进行抽吸作业，潜在滴油区也必须铺防渗布。

（9）必须制订符合井场地形的详细井控设计。火炬和燃烧器与井口的距离必须符合相关规定，其方向应根据当前天气设在下风口方向。必须确定加重剂的数量和压井液的密度。

（10）应根据试油作业中的特殊地形，或在环境敏感地区，或当前天气情况，制订特殊的保护措施。

（11）必须明确消防器材、可燃气体检测仪和有毒气体检测仪的数量、质量和安放位置。

（12）必须明确一旦有井涌、井喷、泄漏、溢油或其他污染事故发生时的报告流程。

#### 4. 试油作业

如本章第三节的“搬入与安装”所述，在试油作业之前，必须进行井场、道路检查。应完成从筑路承包商或钻井承包商到试油承包商的井场移交。

包括试油作业者在内的各方代表都应参与检查，以确保满足所有要求。各方代表必须签署验收表，证实对试油作业前准备工作的认可。

1）文件准备

试油前现场应保存如下文件并就这些文件与所有相关服务方进行交底。

（1）经政府监管机构批准的试油方案复印件。

（2）与所在国或当地法律、法规及环境管理计划（EMP）相一致的承包商制订的废弃物管理方案。

（3）可能需要取得油气燃烧许可证的复印件。

（4）试油服务合同的复印件。

（5）批准的地质设计和试油设计的复印件。

（6）井控管理实施细则。

（7）井喷、溢油和硫化氢泄漏的应急预案。

2）试油作业前设计交底

具体要求同本章第三节的“开钻前钻井方案交底”。

3）燃烧坑作业

如果设燃烧坑，其建设和使用要求如本章第二节的“燃烧坑设计”。此外，还应按照以下要求执行：

（1）燃烧坑应防渗处理。由于燃烧产生高温，可能需使用水泥池或钢制池来防污染土壤。使用中应尽快清理坑中流体。海外项目和承包商必须维护好堤坝防止过满造成非许可的排放和溢出。

（2）如果使用了防渗布，防渗布必须小心使用。承包商必须确保防渗布完整。作业过程中应采取措施避免损坏，包括物理损坏（撕开或刺穿）或化学损坏（溶解、渗透或起化学反应）。

4）井控

（1）现场人员应就如何行使各自的井控职责进行培训。井控设备必须正确安装、测试和维护，保持正常的工作状态。应定期演习来培养员工的井控意识及井控操作能力。

（2）在试油作业环节中，如洗井、射孔、测试、抽汲、测井、打水泥塞或安装井口等，必须确定封井器和内防喷工具能够保证每一环节井内压力处于受控状态。

（3）必须保持压井液材料的储备，以确保在紧急情况下能够提供充足的材料来提高钻井液密度。应保证搅拌器能够正常使用并能够充分混合压井液加重材料。

（4）必须备有井喷、漏失和溢油的应急响应预案，并进行演练。一旦紧急情况发生，必须启动上报流程。

（5）当某个目的层测试完成后必须打桥塞或水泥塞，以封隔和防止地层流体向上运移。必须进行试压以确定塞子密封。当最后一层测试完成后，必须将井口安装完善。如果决定废弃该井，应按照本章第二节中的废弃程序执行。

5）试油作业

在试油作业中，除必须执行本章第三节的“一、钻井作业”和“二、完井作业”中有关废弃物管理的措施，还应遵照如下要求。

（1）如果现场有尚未恢复的钻井液坑，除非经过海外项目同意，否则任何试油流体都不得排放于钻井液坑中。

（2）试油过程中产生的天然气都必须烧掉。

（3）对于产生的原油，应首先考虑使用储油罐并运出井场回收或做进一步处理。如不可行，可以考虑以下措施。

① 可以使用燃烧装置进行燃烧，但应考虑燃烧效率。

② 可以将产生的原油回注地层。

③ 可以将原油卖给商业公司。

（4）如果使用原油燃烧装置，需在其底部设置钢罐来存储燃烧残留物，防止滴漏到地面。

（5）对于产生的水，应使用储存罐，以备回注或运出井场做进一步处理。如果进行排放，必须在排放前确定满足地方或所在国规定和环境管理计划（EMP）的要求。

（6）回流流体、压井液或洗井液应该重复利用或运出井场做进一步处理。

（7）如果产液量超出地面设备处理能力，应限制某个油嘴的测试时间。

（8）必须防止原油滴漏，一旦发生必须立即清除。必须采取必要预防措施防止原油滴漏到地面。钻机底部、管架、测试工具、工具间都必须铺防渗布。如果进行抽吸作业，潜在的滴油区也必须铺衬层。

（9）应考虑选用环保安全的管线螺纹脂。应避免使用含铅螺纹脂。

（10）应配备油管刮油器和油管排放管线，清除黏附在油管内外壁上的原油，减少原油滴漏。

（11）噪声及其他危害控制

① 燃烧时应采取噪声控制措施，保持噪声等级符合当地环保要求。在合适情况下，应考虑噪声强度、持续时间、与公共区域和自然资源的相对位置，以及火炬 / 通风口的设计。

② 其他危害，例如燃烧产生的光辐射、气味、粉尘，都应根据相关规定控制在许可范围。

5. 搬出

在试油作业完成后，搬出应符合本章第三节的“三、搬出”中有关废弃物管理措施要求，此外还应强调以下内容。

燃烧坑中的残余油、钻井液和废水必须清除到专用容器中，并运到指定场地做进一步处理。

（1）如果是水泥燃烧池，清理后可保留以备后续使用。如果不再需要，在清理并验收后，应恢复燃烧坑，回填计划应尽快实施。

（2）如果是钢制燃烧池，应将其取出搬走，并尽快回填。

（3）如铺设的防渗布，当坑内清理干净后，应取出防渗布。在得到验收后，回填计划应尽快实施。

## 二、打塞和弃井

如果该井被确定不具有商业开采价值、资源殆尽或有机械完整性问题，应执行打塞和弃井程序。当井眼不再使用时，应进行永久弃井并永久封堵以防地层流体运移；若井眼以后还需使用，如实施提高采收率措施，应实施临时弃井措施，保证今后能通过例行的修井作业来恢复井眼。在这两种情况下都存在同样的环境要求。

### 1. 文档准备

海外项目应调研所在国和地方的相关规定或合同约定，确定打塞和弃井作业满足规定要求。

（1）海外项目需按照相关规定制订弃井作业程序。

（2）当决定弃井时，应提前制订包含打塞方案的弃井方案并提交相关政府监管机构审批，方案中应包括淡水层深度、塞子深度、打塞类型、井口情况和废弃标记等。

（3）海外项目人员和相关政府监管机构应对打塞作业进行检查核实。

（4）需向土地所有者和当地社区进行咨询并告知。

### 2. 井下要求

1）打塞目的

弃井打塞作业的主要目的在于保护地下饮用水源（USDW）。打塞作业是为防止流体层间运移，防止淡水层、土壤和地表水的污染，并且将油气资源保存在产层或待产层。一般来说，由于打塞或弃井措施不当引起的污染主要有两种：

（1）弃井成为层间渗透、进入地下饮用水源（USDW）或流到地面的流体通道。

（2）污水通过地面进到弃井井筒和进入地下饮用水源（USDW）。

当弃井被正确封堵时，这些污染都可以避免。打塞作业就是用来防止弃井成为发生污染的通道。

2）要求

（1）当决定放弃无开采价值的油气井时，海外项目的地质或开发部门必须根据钻井液录井和电缆测井数据，准确分析需要封隔的油、气、水等地层。

（2）对于试油井，在每层测试完后，必须打桥塞或水泥塞进行封堵，防止地层流体向上运移，并且必须进行试压确定封堵效果。

（3）如果选用弃井作为废物回注井，必须测试套管水泥胶结质量，并确认胶结质量良好、能防止注入流体进入可用水层。

（4）如果表层套管固井水泥未返到地面或环空未封固好，必须打水泥帽，防止地表水进入井眼并流进地下饮用水源（USDW）。地表水流入弃井必须引起重视，因为水中可能含有来自农业、工业或市政活动的污染物。必须注意的是，注水泥塞也可以通过限制井内流体外流来保护地表土壤和水不受井内流体的污染。

（5）必须设置水泥塞来封隔油气层、注入层或处理层，和最下部的饮用水层。

（6）弃井打塞须防止其内流体的层间流动，因为层间流动会干扰邻井对这些储层的商业开发。

（7）在最后一级套管顶部（井口）必须打水泥帽。

（8）在最后一级套管鞋处应注水泥塞。

### 3. 地面要求

地面清除和恢复措施应包括从地平面以下切断上部套管、将地面基本恢复到作业前水平，并且在井口竖立标识牌标记井口位置。承包商必须按照相关规定、程序或环境管理计划（EMP）进行井场恢复。但是，在开始井场恢复之前，应向土地所有者、当地社区和政府咨询，告知该井将被打塞放弃。土地所有者或地方社区可能有权使用该井作为淡水水源。

1）井场整理

（1）如果土地所有者或当地社区不使用该井作为淡水源，应执行以下措施：

① 井口必须考虑打水泥帽。

② 如果需要，应拆除井口并且在剩余表层套管顶部焊接钢板。

③ 如果方井、钻井基础和地锚打有混凝土，这些混凝土应清走。

④ 方井、大鼠洞和小鼠洞必须填埋。

⑤ 方井区域必须填平，井内剩余套管柱应从地表以下 1.2～2.0m 处割断，或根据规定和土地所有者需要进行更深的切割。

（2）如上所述，所有坑都应回填。回填区应高出一定高度以备沉降。

（3）在拆除或废弃管道或管线之前，应考虑置换和清理管内流体，并根据流体性质进行回收、再利用或妥善处理。

2）土壤侵蚀

（1）根据租赁合同，对受影响的区域，如道路、坑区和井场，可能要进行进一步修复。

（2）管道和管线可能需拆除。可能需换填、减小和调整地面坡度以符合相邻地形，以及可能需要进行地表土壤的置换。

3）井场恢复

井场地面的清理和恢复按本章第二节“一、道路”中的“废弃与恢复”和“打水井”、第三节“三、搬出”中的“井场清理”和“钻井液坑的关闭”、本节“一、试油作业”中的“搬出”等章节相关要求执行，此外还应注意以下几点：

（1）如果决定将探井转为生产井，或当开发井完井后，井场应减小到后续作业需要的规模大小，例如满足修井、采油及其设施的大小。剩下的非占用区域应及时恢复。

（2）井场恢复情况应满足租赁责任和监管要求或环境管理计划（EMP）要求。沟渠、挡水堤和围墙应处理平整。地面地形应等高以减小暴雨的冲蚀。被压实的地面应犁松，并且将之前存储的根茎和表层土重新覆盖在表面。可能需要富含营养的土壤，使其能够重新耕种。

（3）应使用当地植物和草来重建植被。应通过土壤测试结果计算帮助植被恢复的土壤改良剂使用量。

（4）在井场恢复完成后，可能要制订土壤采样、外观检查、记录跟踪等方案。方案中可能要包含长期维护、修整和重植措施，并且作为完成现场恢复的必要措施执行。

（5）如果决定水井废弃或捐赠，其程序应符合本章第二节“道路和井场准备”中的“打水井”所提到的相关规定。

4. 检查

（1）需设立钢制指示牌，标明井口位置、作业公司名称和井号。这样就可以轻松定位废弃井位和确定前作业公司。

（2）只有在所有地面设备都已搬走、所有坑区都已处理完毕、地面已恢复，以及公司和所在国或地方监管机构检查完成并通过后，弃井程序才最终完成。

（3）必须对井场植被重建情况和井口地面情况进行定期检查。

（4）在之后的时间里，所在国和地方监管机构可能会要求前作业公司再次进行井场清理、重新返回并重新打塞。这可能意味着由于不恰当的打塞过程而导致发生井内流体泄漏或植被死亡等地面显示。

（5）所有关于弃井或恢复的文档和图片都必须分类和归档。

## 第五节 修　井

如果已经确定具有商业价值的油藏构造，应实施开发井的钻井和修井作业。开发阶段应开展以下环境管理工作：

（1）开发区全面的环境影响评价（EIA），包括环境管理计划［环境管理计划（EMP）］，必须经过批准并执行。

（2）采油厂或中央处理设施（CPF）应配备卸油台和撇油 / 沉降罐，用以回收修井或试油液中的原油。

同时应注意，本章第三节、第四节、第五节所述有关环境管理措施同样适用于修井作业，下面除了必须强调的外，不再赘述。

### 一、设备

海外项目使用的修井工艺技术和设备必须符合完井方式、可能发生的井下问题、预计的储层流体性质和可能的生产方式。设备在环境管理中的主要要求可以参考本章第三节和第四节中“合同要求”。

设备必须以尽量减小施工占用面积的方式进行安装，并保持外观良好。

## 二、补注水泥

在设计阶段，不管新井还是老井，为保护已知的或预计的地下饮用水源（USDW），必须考虑进行补注水泥。

## 三、修井液

（1）修井液必须尽可能使用低毒（或无毒）化学药品。

（2）完井液和化学品管理必须按照本章第三节“二、完井作业”中“完井液和化学药品”所列要求执行。

（3）完井液的选择必须符合相关规定来保证运输、操作、储存、处理清洁的和受污染的液体等过程的安全。井场上所有危险物品都必须附有材料的化学品安全技术说明书（SDS）。

（4）对所有新建井场和老井场，所有处理剂、盐水完井液及其他同类液体都应正确储存在带有标签的容器中。

（5）只要在可能实施的地方，完井和修井作业都应使用储存罐。盐水完井液和其他潜在污染物都应存放在罐中。罐内原油必须运走和回收至中央处理设施（CPF）或处理设施。如确实需要修井坑，应经过批准，并铺设防渗布来防止污染土壤、地表水和地下水。在满足作业需求的情况下，坑应尽可能小。

（6）正常作业应防止原油进坑。但是，如果完井作业确需用坑短期存储原油，应根据情况设置围栏、屏蔽、拉网和标记，以保护家畜和野生动物。坑内收集的原油必须立即清理运走和回收至中央处理设施（CPF）或处理设施。

（7）坑内液体和其他物质必须清除并运至井场外进行回收或处理。当坑内清理完毕，应执行关闭程序。

## 四、井控设备

（1）必须正确选择、安装和维护所有防喷器，防止对环境的失控释放。

（2）所有封井器的额定工作压力都必须超过预期地面压力的最大值。

（3）必须按照规定要求组织防喷演习，保证人员操作熟练，封井器处于良好工作状态。

### 五、修井废弃物

（1）修井废弃物具体包括完井液、钻井液和岩屑、处理剂和压裂液、来自井下的惰性物质（如产出的沙、地层碎块和管垢及水泥屑）、井下设备掉落的零件（如密封部件和泵送设备）。

（2）修井作业中使用或产生的液体应收集到储存罐或铺有防渗布的坑中，具体要求同本节“三、修井液”。所有废液或返出的流体应重复使用、回收或运到井场外指定地点做进一步处理。

① 只要可能，废液都应通过管线流程或卡车运至生产设备进行回收，或用中央处理设施（CPF）的撇油 / 沉降罐进行原油回收，或用指定的废弃物处理设施回收。

② 只要可能，未用完或特殊完井液，例如烃基材料或饱和盐水，应通过封闭系统进行处理并回收再用。

③ 只要可能，完井液或钻井钻井液应存储并重复使用。

（3）固体废弃物，例如产出的沙、岩屑、水泥或水泥塞屑、以及惰性的井下设备零件，应通过钻井流体处理系统循环后进行收集，确保没有原油存在。这些固体废弃物应进行分类，然后按照本章第三节“一、钻井作业”中“钻井废物”相关要求进行重复使用、回收或处理。

（4）在修井或完井作业完成后，应将井场地面的各种废弃物清理干净。

## 第六节　应急响应

### 一、引言

钻井、试油和修井作业有很多环境风险可导致紧急情况，例如：

（1）原油、采油废水或其他化学物质溢出。

（2）硫化氢释放。

（3）起火或爆炸。

应急响应预案（ERP）应专注于在事故发生之前识别并削减事故隐患，同时应提供具体的应急响应流程，这样员工就能在控制事故和减小影响方面做出快速有效的反应。应急响应预案（ERP）应经过公司管理委员会审计并获得批准。

## 二、应急响应预案（ERP）惯例

以下是对应急预案中环境保护方面的要求。

### 1. 应急预案

海外项目、服务承包商及现场必须制订包含以下方面的应急响应预案（ERP）：

（1）确定构成紧急事件的类型。

（2）应急响应分级。

（3）应急响应组织机构。

（4）响应预案中公司、承包商及所有现场人员的角色和职责。

（5）提前制订的响应程序。

（6）记录程序。

（7）紧急事件通告程序。

（8）现场地图和说明。

（9）物资保障。

（10）应急响应沟通，包括公司人员名单、投资伙伴、政府机构、支持组织机构、所在国和地方的公共资源，例如消防系统、医疗系统、清理公司或处理公司、响应设备供应商等。

（11）与公众、媒体和政府的沟通程序。

（12）应急响应指南，包括设备关停程序、溢油围堵、河道保护等。

（13）作业人员和民众保护方案（例如疏散程序）。

（14）损坏修复的安全工作规程，以及修复后检验和复工方案。

（15）对受影响的资源长期恢复和复原措施。

（16）事件处理和调查报告。

（17）培训需求，包括年度培训演习。

（18）定期更新应急响应预案（ERP）的程序。

（19）电话通讯录汇总。

## 2. 第一小时响应

第一小时响应包含以下内容：

（1）用紧急事件报告表记录紧急事件的初始信息。

（2）将信息传达给以下人员和应急计划中指定的外部机构：

① 最初的应急人员。

② 海外项目管理层和应急职责指定的人员。

③ 相关政府机构。

④ 在合适情况下，通知土地所有者和其他利益相关者。

⑤ 在合适情况下，通知投资伙伴。

（3）在执行具体的应急响应程序之前，应评估并削减对应急人员、居民、公众和家畜的潜在风险。

（4）派遣最初应急人员核实紧急事件，进行初步评估并采取适当的补救措施。

（5）确保应急人员受过正规的应急响应特殊训练，并且应该配备：

① 合适的个人防护用品（PPE）。

② 有毒、爆炸性及缺氧环境的测试仪器。

③ 应急手册。

④ 通信设备。

⑤ 照相机。

⑥ 紧急情况所需要的其他相关设备。

（6）根据最初响应人员获取的信息制订具体的应急响应行动方案。

（7）动用人员、设备及其他资源来启动响应行动方案。

（8）确保后续作业中关键的内部和外部联系，以及与最初紧急情况报告人员的沟通。

## 三、溢漏响应

事故性溢漏（包括油和盐水）不仅会导致潜在环境破坏，还会引起作业困难、法律和公共关系等问题。即便是小量溢漏，伴随环境影响所产生的溢漏清理成本也会非常高。在特定情况下，所在国法律会对溢漏，尤其是溢油，进行刑事和民事处罚。因此，作业中采取措施减少非法溢漏风险非常重要。下面是一些推荐的作业惯例，海外项目能够按照这些方式减小废物量和对环境的影响。

### 1. 预防

避免溢漏不良影响的最好方法是防止溢漏的发生。应采取以下基本步骤预防事故性溢漏：

（1）应对设施设计进行检查，确定存在潜在溢漏的位置。应根据之前溢漏事故的信息检查，并评估需要对设备或流程进行的改进。在使用检查结果时，应酌情考虑以下内容：

① 根据需要对已有设施进行修改，或安装新设备和仪器，以降低溢漏等风险的可能性。应考虑使用警报、自动关停设备或自动防故障装置，预防、控制或减小由于设备故障或人为失误导致的溢漏风险。

② 持续的维护和 / 或防腐计划，保障设备状态良好。

③ 定期安排测试和检查，包括管线、容器、放泄阀、软管及其他污染防护设备，避免由于其故障或失效而导致溢漏事故。这些测试和检查应符合设备设施的结构、条件及使用环境，并且应遵守相关规定。

④ 降低溢漏风险的作业流程。这些作业流程应撰写清楚，并且可供所有操作人员使用。

⑤ 检查现场排水沟设置并在排水沟内关键点处设集油器，使溢出油在进入河流或水体前得到控制。

（2）在预防溢漏的基础上应制订培训程序，并经常向操作人员传达，使他们熟练掌握溢漏预防的措施方法。职业安全与卫生条例（OSHA）规定要求应急响应和清理人员需装备正确并受过训练，以防受到危害。

（3）应制订应对飓风和其他灾难（包括自然和人为）的应急和停工方案，以降低溢油或其他事故风险，避免其导致的污染或其他环境损坏。

2. 风险削减

应采取如下相关措施降低溢油风险：

（1）废弃管道和临时连接管线如果不再需要，应进行拆除。

（2）如果管道振动，应支撑并固定，减少移动，避免疲劳失效。

（3）应对罐区进行检查，查看是否发生基础不均匀沉降、腐蚀和泄漏。

（4）安装安全阀时应考虑液体管线，如果过满，由高温引起液体膨胀可能导致管线破裂。

（5）如果管线存在移动可能，不应使用套筒式管线连接器。

3. 溢漏报告

（1）尽管有完善的预防方案和实施，仍可能发生原油、盐水及其他物质的溢漏。海外项目应按法律要求向政府监管机构报告此类溢漏事件。应按照法律法规要求制订溢漏报告程序，并对作业人员进行培训。

（2）无论何时发生原油进入地表水中（任何溢漏、泄漏、泵送、倾倒、喷出、排空或丢弃），必须用最快最有效的方式通知现场政府代表、所在国和地方监管机构。在应急方案中应明确溢漏报告的所有要求。

（3）除原油外的其他排放可能也需要通知所在国和地方监管机构。

4. 溢漏紧急预案

（1）如果发生溢漏事件，所有负责作业人员都必须明确如何快速有效控制、抑制及清除溢漏。为了确保这种反应能力，内陆地区应与近水地区一样准备应急预案。

（2）资源国可能已经制订原油和有害物质污染的应急预案。公司应熟悉所有此类预案。

（3）溢漏预案中应提出需向公众发布的重要信息。预案中应包含通知政府官员及向媒体提供合适信息和使用权的规程。

5. 控制和抑制

（1）如果发生溢漏事件，应以安全方式停止或尽可能减少溢漏源。应尽可能将溢漏物质的扩散控制或抑制在最小区域内，以减少不利影响。可以采取一些方法来控制和抑制排放物质，尤其是油，这些方法包括：

① 在罐区和其他易发生溢漏设备周围设挡土墙或堤坝。

② 其次设集油池，防止原油扩散到墙或堤外。

③ 在设施邻近的水域设永久围油栏。

④ 溢漏发生后在水中增设临时围油栏。

⑤ 使用特殊化学药品将原油凝结或生物降解，防止溢油扩散到水中。

（2）所在国和地方法律可能会规定罐区周围所需二次防御类型和能力。在没有二次防御规定的地方，海外项目应评估潜在溢油和损坏风险，并根据评估结果决定首要和二次防御所需要的类型和规模。

（3）围油栏安装或储备的类型和长度应随设施的类型、大小和位置及溢漏风险而改变。此类信息应根据每个主要区域或设施进行制订，并加入设施应急预案中。此外，应急预案应列出应急设备位置。

（4）应急预案应规定能够有效使用的化学药品类型，并列出这些化学药品的来源和申请流程。许多监管机构在使用化学药品方面有严格规定，应确保所使用的化学药品及其批准手续符合相关监管机构要求。

（5）应考虑组织溢漏响应演习，并邀请监管机构和承包商人员参加。

6. 清除

（1）应制订清除程序并加入设施应急预案中。应急预案中还应包括有效处理材料和设备最新清单，以及能够提供所需援助的潜在承包商名单。清除设备和材料包括消防车、真空泵车、储罐、防渗布、吸水毛毡、围油浮栏、油栏、个人防护用品等。

（2）根据每个地区的溢漏风险，应储备足够的清除材料，以应对随时可能发生的溢漏。应根据当溢漏加剧时获取更多材料所需时间来确定清除材料的储备量。

建议应考虑以下清除措施：

① 应采取快速行动，使用现场清理材料和设备对溢油或其他物质进行清除。根据溢漏物质情况，执行人员和清除作业指挥需要特定培训和个人防护用品（PPE）。

② 应预先对真空泵车及类似清理设备的可用性和通道进行设计和安排，以及时回收溢漏物质。

③ 在处理溢漏清除材料之前应获得必要的批准。

④ 应提前对公共设施出入口和私有财产进行安排，防止被溢漏或影响后续清除作业。

⑤ 海外项目应配备法律顾问，并预先制订损害赔偿方案。

⑥ 对溢漏有管辖权的政府监管机构，应与其保持紧密联系。也应告知土地所有者溢漏情况，并让其了解溢漏清除进展。

（3）应通过分析先前发生的溢漏事故，对方案、流程和程序进行完善和更新。预防、控制和抑制、清除流程应进行修订，使其在今后的应急响应中更加高效。

## 四、含硫井应急响应

必须制订含硫井应急响应预案（ERP），以提高钻井和修井作业现场发生硫化氢（$H_2S$）或二氧化硫（$SO_2$）紧急情况时人员的响应能力，缩短应急响应时间并且减少事故引起的潜在损失。

### 1. 疏散

（1）应制订相应政策，确保一旦发生硫化氢泄漏失控或部分失控事件，危及健康与安全时，公众需通过安全疏散得到保护，若无法疏散，需点燃该井。

（2）必须为每口含硫井制订特定的应急响应预案（ERP），包含疏散和点火流程。公司或现场代表应：

① 按照应急响应预案（ERP）疏散应急预案区域内的居民、其他民众及现场人员。

② 在含硫气体紧急事件持续过程中，定期向民众和现场人员通告周围环境中硫化氢浓度水平：

——对于现场人员，如果 $H_2S$ 浓度大于 15mg/$m^3$（10ppm）小于 30mg/$m^3$（20ppm），未分配工作的现场人员必须撤离到安全区域。

——对于现场人员，如果 $H_2S$ 浓度不低于 30mg/$m^3$（20ppm）且小于 150mg/$m^3$（100ppm），除应急人员以外的现场人员都必须撤离到安全区域。现场应急人员如必要需佩戴防护装置。

——如果 $H_2S$ 浓度达到 150mg/$m^3$（100ppm），所有现场人员和营区人员应立即撤离。应向有关各方传达迅速撤离的通知。

——对于井场周围或下风方向区域，如果井场周围或下风口距井场 100m 处 $H_2S$ 浓度大于 75mg/$m^3$（50ppm）或 $SO_2$ 浓度（体积分数）大于 $10\times10^{-6}$，必须立即疏散附近居民和其他民众。

### 2. 含硫井点燃

当井喷发生时，以下情况的含硫井应该点燃处理：

（1）当含硫井发生井喷失控时，如果危及人民生命，并且无法疏散人员或恢复对井的控制，根据应急响应流程，点燃井口将作为最后选项。注意，除非不能进行疏散并且人员的健康和安全受到威胁，否则不需进行点燃。

（2）当发生井喷的含硫井已成功关井，并且井场空气中天然气浓度小于 5% 或大于 15%，超出爆炸浓度范围时，在放喷前应将放喷管线点火引燃。

# 第三章　陆上油气生产环境管理

## 第一节　基本要求

### 一、原则

（1）海外项目及承包商必须高度重视项目从概念设计到终止整个生命周期中的环境保护。

（2）海外项目和承包商应当采取一切努力减小对作业区及周边环境的干扰和废物产生量。

（3）海外项目与承包商之间的合同必须明确环境管理方面各自的责任和义务。

（4）承包商必须遵守所在的国家和地方环保法律法规、海外项目的要求和规定。

### 二、法律法规

（1）海外项目及相关承包商在生产和维护等作业前必须熟悉所在国在用的国家和地方法律法规中的环保条款。

（2）海外项目必须熟悉和研究与所在国的协议中有关环境管理的条款，及环境保护方面各自的责任和义务。

（3）海外项目必须熟悉和了解所在国污染物排放标准，包括废气排放、噪声暴露、废水及固体废物的排放许可量和排放标准。还必须熟悉排放许可的申请条件及程序。

（4）海外项目必须遵守所在国国家和地方环保法律法规。在环境敏感地区作业时要遵守所在国有关此环境的特别保护规定。所在国没有相关法律法规时，遵守公司环境保护规定。任何所在国缺少环境保护的法律法规，并不能减轻海外项目及其承包商履行其环境保护的责任。

## 三、废物和危险品

（1）海外项目必须熟悉所在国或地方有关生产作业废弃物管理、库存和运输方面的规定。

（2）海外项目必须熟悉并遵守所在国关于危险品的管理规定，及其进口、出口、运输、管理和存储这些危险品的要求。

（3）海外项目必须遵守公司的废弃物管理条例。所在国任何比公司废弃物管理要求更高的要求，应当优先执行。

（4）海外项目必须负责向其承包商通告所在国和海外项目有关管理、处置、储存和运输废物和危险品的法律、法规和管理规定。

## 四、设施

（1）海外项目必须收集和掌握所在国国家和地方公共资源和能力方面的信息，如消防系统、医疗系统、供水和供电系统等。这些公共资源在某些环境问题发生时可为公司提供支持。

（2）海外项目必须调查所在国国家或地方有关废弃物处理的资源，如生活废物处理公司、钻井液及岩屑处理公司和金属回收公司，并确认他们的资质情况。如果没有这些可用资源，海外项目应当建立必要的废弃物处理设施和储存场地，如焚烧炉系统，防渗的存储场地或存储坑。

（3）海外项目应当配备必须的消防和溢油响应设施，如真空吸油泵、储罐、吸油毡、浮动栅栏等。应急响应中心应随开发项目第一阶段同时设计、同时建设、同时投入使用。

## 五、环境影响评价（EIA）

（1）在进行陆地及特殊地形油气勘探开发前，海外项目应对所作业的区块进行环境影响评价（某些项目称为环境和社会影响评价，即ESIA），并将环评报告提交相关的政府监管机构批准。环评报告必须包括环境管理方案［环境管理计划（EMP）］，其内容为：环境影响和风险的识别和分析；预防或削减措施及环境监测；废物管理；溢油及其他环境事故响应预案；赔偿及再安置预案；沟通及公共咨询方案。

（2）必须建立一套环境监测方案来对所涉环境进行连续的、科学的监测。抽样方法、分析过程和监测数据应标准化。如果需要，监测方法和过程应得到政府相关监管机构认可，监测数据应当定期向该机构提交。

（3）必须在项目全生命周期内建立并实施废弃物管理和处置方案。这个方案应包括以下关键要素：相关法律法规系统；污染防治计划或废弃物消减计划；合理的废物识别系统；适当的废物存储和处置程序；废物运输计划；废弃物跟踪、储存和记录系统；事件响应预案；培训方案和废弃物管理审核程序。

（4）废弃物跟踪系统应有文控系统来跟踪记录废物的现场和场外处理的情况。海外项目应当为自建的废物处理设施连同由第三方负责的处理设施一并建立废物处理的审计程序。

（5）在发生环境事件时，海外项目必须负责及时向有关政府部门、雇员、客户和附近社区告知相关信息，包括提供有关技术和资金，来安全有效地控制事件发展，事后要将工作场所和社区环境恢复到安全健康的条件下。

（6）现场人员及管理部门必须定期参加环保和安全管理实践培训。培训内容应包括环保法律、规定、规范、细则、废弃物处理和批复的环境管理计划（EMP）。

（7）必须制订应急响应预案（ERP）并定期演习，预案本身及其改进和修改的版本必须更新并得到海外项目的批准。

（8）必须通过持续监管和有效问责机制来提高其环保绩效。海外项目应定期对其环保绩效进行审核。如果需要，审核结果应向上级单位和相关监管机构报告。

# 第二节　生产井、注入井（注水 / 回注井）

## 一、生产井和注入井的生产作业

### 1. 设备操作与维护

（1）所有井的生产设施均应保持清洁、整齐、油漆完好并处于良好的工作状态。必要或适宜时，设备应根据周围环境涂以不同的颜色，且保持清洁以呈现令人满意的外观。

（2）应采取安全防护措施保护设施周围人员、家畜、野生动物，提升公共安全。

（3）应当制订和完善设备的停机锁定 / 挂牌程序。

（4）设备和储罐下面应设置接油盘或其他防污染设施，以减少泄漏，并对这些设施进行日常检查，及时回收废物，分类处理。

（5）为了减少必须保留和配置的储罐数量，应考虑使用大容量、可循环使用或可再利用的储罐，所有可以再用的储罐应当标识出其适用储存的物质及用途。

（6）在特定的环境敏感区，应考虑安装和使用双密封盒、检漏器及紧急切断装置。

（7）方井应保持清洁、干燥并采取警戒、操作平台或栏杆等有效措施进行防护，避免发生意外坠落事故。

### 2. 金属材料和腐蚀

所有设备应使用适合其运行环境要求的材料进行制造。在已知腐蚀条件下运行的设备，应对其腐蚀程度进行日常检查，必要时采取补救措施，确保设备正常连续运行。

如果油井生产和注水过程中硫化氢或二氧化碳的含量、压力、含水率或其他参数发生变化，应对油井设备及材料重新进行评估，以确保适合新条件下的油井作业。

3. 泄漏检测

应对所有设备的泄漏情况进行例行检查，必要时采取补救措施，保证设备在安全和环境可接受的条件下连续正常运行。

对于所有配备油管和封隔器的注水井、回注井，应定期检查油套环形空间的压力，从而测试油管和封隔器的完整性。如果该井没有配备封隔器，应采取其他测井技术保证注入的液体在控制之下到达适合的注入层。检测频率根据运行条件而定，例如：如果某个区域发生腐蚀故障的次数较多，那么井的机械完整性测试的频率就相应地提高。

4. 检查与发证

设备的制造、翻新、检查和安装应按照制造商或其他相应工业标准和法规的要求进行。

## 二、油气井测试

1. 开井前的操作程序

在开井进行测试之前，必须遵守以下步骤：

（1）开井测试前，紧急关断系统（ESD）应在测试监督的见证下进行性能测试。

（2）开井或点火前应告知测试监督 / 工程师，并得到其批准。

（3）测试监督 / 工程师应确认风向，确认测试系统到火炬的管线已正确连接。

2. 放喷与火炬

放喷和火炬应限于安全地点，尽可能考虑选择井场主导风向的下风向放喷或点燃火炬，还应使排入大气的全部气体完全燃烧。如有可能，所有的天然气资源都应得到收集和利用。如果确需将天然气临时排放于大气中，必须获得当地政府部门的排放许可。

### 3. 硫化氢的防控措施

含硫化氢井测试作业施工过程中，应采取以下措施：

（1）在生产区和生活区设有固定的硫化氢探测、报警系统，并安装有风向标，要求风向标安装在人员易于看到的地方。

（2）现场需配备足够数量的正压式呼吸器和便携式探测仪，用于检测未设固定探测仪的区域空气中硫化氢的浓度。

（3）配备有因硫化氢中毒而进行医治所需的药品和氧气瓶等。同时测试期间应有熟悉中毒抢救知识的医务人员值班。

（4）诸如“硫化氢区域——经检测设备检验安全方可进入”“硫化氢区域——在该区域必须穿戴呼吸防护设备”等安全警告标志必须张贴在显眼处（如施工现场的入口）。

（5）施工作业所用设备应具有抗硫性能，如井口、流程、分离器、井下油管等设备应具有抗硫性能，避免因硫化氢对其腐蚀使管线破裂，造成油气外流。

（6）起下作业时，用碱水边起边灌，井口安装防爆排风扇。洗井时用碱性液体洗井。用过的碱性液体必须返回给供应商。

（7）应制订防硫化氢应急预案，并组织演练。

有关含硫化氢油气井测试的更多详细信息，参阅 SY/T 6610–2017《硫化氢环境井下作业场所作业安全规范》。

### 4. 放喷池

放喷池，有时又称燃烧池、应急坑，应当铺设防渗层，并不得用于其他用途。放喷池的主要用途是收集伴随油气流而出的未燃烧的液体。放喷池中的液体应每天或随生产活动更及时地清除。

放喷池的选址和修建应最大限度地减少对地表和地下水的污染风险；池的大小与喷出油气中液体流出物的体积相适应；还应考虑使用挡板式气液分离器。

放喷池的构建和使用在某些国家可能需要特别许可，海外项目必须确保遵守所在国或当地法规。

5. 噪声和其他公害的控制

火炬等生产设施需要采取降噪措施，以保证噪声水平符合当地环境要求。更详细噪声防控措施，请参见本章第七节“噪声控制”。

其他公害（如臭味、扬尘）也要考虑当地要求加以控制。通常情况下，尤其在靠近城区的地方还应最大限度地减少交通噪声的影响。

关于井的测试（试油）环境保护的更详细规定，请参见本篇第二章中试油部分。

## 三、封井与报废

当井眼永久报废不再进一步利用时，应当实施永久性封闭以防止液体窜层。若井眼今后还有用处，可以进行临时性的封堵作业，但必须予以维护，使得常规的修井作业就可以恢复井眼的使用。

1. 浅表层

在油井报废时应当考虑有关的环保要求，首要的是保护地下清水蓄水层和地下饮用水源（USDW），并与井下含油气层或在用注水层保持隔离。其他保护措施的结果，包括表层土壤和地表水保护、土地的恢复使用、报废井情况的永久性证明材料等也应当进行评估。

1）封堵

封堵井的目的是为了防止流体窜层，避免清水层、表层土、地表水受到污染，将油气资源保持在生产层或潜产层。通常条件下，由于油井封堵和废弃不当可产生以下两种污染：

（1）报废井变成了流体在地层之间流动、流进地下饮用水源（USDW）或到达地表的通道。

（2）污水可以从地面上进入报废的井眼，进而侵入地下饮用水层。

当油井封堵恰当时，可以避免上述污染的产生。

油井封堵作业的主要目的是保护地下饮用水源（USDW）、隔离井下油气生产层或在用回注岩层、保护表层土壤和地表水。表层封堵是为了防止地表水渗入井眼经迁移进入地下饮用水源（USDW）。水泥封堵是为了隔离油气层和注水 / 回注层，在地下饮用水源（USDW）的最底层实施封堵，可以达到保护饮用水的主要目的。

地表水进入报废井也是需要重视的，因为地表水可以将农业生产、工业或城市活动的污染物带入到井眼中，造成污染。应当指出的是，水泥封堵也可以通过将那些井眼流体限制在井内，从而达到保护表层土壤和地表水的目的。作业者在实施相应油井的封堵和报废作业期间，在清水岩层或地下饮用水源（USDW）的最底层设置水泥封堵，进行保护。

2）流体限制

对于可以承载大量可用水、油、气或地热资源的所有岩层构造，重要的是实施保护和（或）隔离。首先要防止气体、流体窜层或到达地表；多数情况下，裸眼封堵、套管封堵或通过套管间隙挤注水泥可以隔离目的层。其次要避免报废井中液体的交叉流动，防止层间串流通过周围的井眼干扰其他商业开采区域。

## 2. 地表

地表的清理和补救包括切除地面以下的表层油管，将地表恢复到毗邻区地表状态，在井眼的地表位置竖立标识。

在井场补救工作开始之前，应当与土地使用者进行协商，向土地使用者通报油井堵塞情况。报废井还可以捐献给土地使用者作为清水水源。

1）清理与补救

假设土地使用者决定不把废井用作清水水源，业主也应当按要求：安排地表的填塞，移走井口装置；在地面套管的残端焊接上钢板；填充井口的方井；平整井场。留在井中的套管应从地面向下截去 1～2m（3～6ft），或是按土地使用者的要求截去更深。

在管线拆除或废弃之前，应考虑流体驱替和管线吹扫，并根据流体类型对流体进行回收、重复利用或根据当地规定进行妥善处置。

2）土壤侵蚀

道路、生产过程中应用的坑（池）、井场等产生土壤侵蚀的区域，要根据相关规定和租赁协议进行恢复。

3）检查

完成井的报废，必须检查确认以下内容：

（1）所有地面设施已拆除，各种坑（池）全部关闭，地表已恢复。

（2）树立标明井号、井位和业主的钢质标识牌。

（3）所有有关报废和恢复的文件和图片已分类存档。

## 第三节 油田道路

### 一、道路维护

（1）适当的道路维护有利于道路的使用，对防止和控制冲蚀与沉降至关重要。道路维护人员应熟知哪些是环境问题和环境敏感区。

（2）道路维护应当按期进行，并考虑采用特殊的设计和维护程序以最大限度地减少对敏感野生动植物和鱼类栖息地、湿地及当地政府划定度假区的不利影响。

（3）当道路完工进行平整作业时，应当小心作业，防止排水沟及路肩遭到破坏。

（4）道路两旁沟渠、涵洞、排水沟内的垃圾或沉积物应定期进行清理，以便排水畅通。另外还要对所有涵洞实施周期性检查，发现堵塞，应当立即清理疏通。

（5）道路维修取土或路面材料应就近得到，适宜时，可以利用筑路时的取料坑。

（6）为了减少施工扬尘，应对控制材料和控制措施进行评估。所有材料不应当对人身健康、野生动植物、水质造成危害。

（7）路堑上的野草和矮树篱的生长对道路的安全具有潜在危害，除草作业应使用轻便工具，使用除草剂或其他化学物质除草时，应对其进行严格评估。

（8）排水系统和防冲蚀构造应实施连续监控，及时维护和补救，保证道路的预期功效。

（9）应避免和控制道路的冲蚀，路旁应栽种植物，稳固路坡和土壤。

（10）在道路建设施工和维护作业时，应制订环境保护应急计划，该计划应当包括主要排水系统在特大暴雨时出现堵塞、损坏或不能正常发挥作用的情况下的应急程序。

### 二、道路报废

（1）道路的废弃程序应遵从法规、合同义务、出租人和土地使用者的要求进行，同时还应考虑最大限度减小对环境的影响。

（2）道路的废弃过程应考虑下列因素：

① 恢复。

② 实施报废。

③ 原有或改进过的排水系统的恢复。

④ 中断使用之后，作业者与新用户达成维护协议。

（3）恢复计划应详细考虑下述方式：

① 优先考虑受损地区的稳定和植被再生。

② 选用当地物种。

③ 注重对临时堆料占用地的植被恢复。

④ 应用当地主管部门审批的设计。

（4）所有有关报废和恢复的文件和图片必须进行分类和存档。

## 第四节 油气集输和处理系统管线

### 一、运行和维护

（1）所有有关人员（海外项目和承包方两者）应当接受培训，以保障管线的正确运行和维护。培训应当包括启动和关闭程序、正常操作程序，以及发生有害物体泄漏或溢出时的应急响应程序。

有关有害物质泄漏的预防和应急响应的更详细内容，请参见本章第五节中“三、溢出预防、应急响应和清理”部分。

（2）按照规定的时间间隔对管线和装置进行检查。

（3）应当采取适当的步骤以防止地表和环境受到在用的热油、化学品及其他用于保护油气集输管线的处理剂的危害。

（4）关于穿越标志、放空罐、排放设备和防腐设备的正确维护活动应当进行演练。放空的流体应当被收集和放置到生产系统中以回收烃类。废弃的材料应当按照所在国的当地规定予以重复利用、回收或处置。

（5）为了满足运行的安全要求，应当考虑加压测试、外观检查和其他的检查方式。

（6）对腐蚀问题、有故障倾向的设备及故障的提前识别，应当制订操作程序，以便在产生环境或安全问题之前就能采取纠正措施。

（7）应当遵守相应规程进行记录、修理、报告泄漏等。

（8）只要对现有管线进行改造或物理参数（温度、压力、成分等）发生显著变动，应当考虑依据变更管理原则对这种变化进行评估。根据实际修改情况，及时更新装置图纸。

## 二、集输和处理系统管线的报废

（1）所有地表管线都应予以拆除，在拆除前应当对管线进行吹扫。

（2）连接埋设管线的地表和地下设备，其拆除的深度应能适合以后土壤的使用，或者一直到埋设管线的深度。

（3）报废管线中的有毒有害物质应予排出。

（4）适当时，报废管线的所有出口应当被永久性封闭。

（5）拆除所有穿越标志和其他管线标志。

（6）报废管线的位置应当在装置图上予以标注。

（7）报废结束后，所有受干扰的地表区域应当进行清理，并恢复至与邻近土地相似的状态。

（8）所有有关报废和恢复的文件和图片必须进行分类和存档。

# 第五节　生产和废水处理装置

## 一、操作与维护

### 1. 操作流程

（1）每台主要装置都应当制订其标准操作规程（SOP）。标准操作规程应当包含：装置中设备的设置，设备安全操作指南，启动和关闭程序，以及应急程序。

（2）应对设备进行故障分析，以便采取纠正措施最大限度地减少环境事故。

### 2. 人员培训

全体人员应当在安全和装置设备的有效使用方面进行培训。培训方案由海外项目和承包方根据生产作业的实际情况制订并实施。

### 3. 设备检查

对所有运行在腐蚀环境中的设备进行定期检查。所有安全设备应当定期测试以确保正常运行。

### 4. 腐蚀监测和处理

如果预计产出的流体具有腐蚀性，应当进行监测；如果确定产出的流体具有腐蚀性，应当制订并实施防腐计划。对可能因腐蚀而失效的设备，应制订相应的操作程序进行早期评价。

### 5. 辅助工作

（1）装置应当保持清洁、予以维护，以便在安全和适合环境的方式下运行。

（2）为防止公众、牲畜或野生动物接近装置，应当对装置采用围护措施。

（3）应当在突出位置树立标志，使雇员和公众知道危险形势，例如易燃状态、高电压和硫化氢等。

（4）应当在装置入口处公布应急电话号码。

（5）杂草可以通过砍、割或喷药等方式予以控制，以满足当地环境要求，减少火灾危害。当使用除草剂控制杂草时，应当由经过培训的人员来正确应用这类化学品。

（6）所有设备应予以油漆和（或）保持清洁，以呈现令人满意的外观和提供外部腐蚀防护。

（7）收集丢弃的纸、抹布的废物收集器，应当被放置于适当位置并定期清理。

### 6. 大气排放

在所有生产活动的设计和操作运行中，都应考虑和执行对气体排放的有效控制并以最小化气体排放为原则。

天然气火炬火焰应保持最小，并避免未燃烧的天然气排放于大气中。

设备的废气排放系统应定期维修，以确保废气排放保持在适度的水平。废气排放标准参照所在国当地标准和本篇第一章中的标准执行。

### 7. 生产水

生产水又称采出水，随着油气从地层产出，通常是来自生产操作活动的最大量的废水，它含有矿物盐、原油和其他有机和无机成分。

生产水（经过一些的处理后）必须通过注水井或污水回注井回注到地层中，这些地层应既不含有地下饮用水源（USDW）也不与其相连通。在某些紧急情况下，如果海外项目或其承包商需要排放生产污水，事先必须获得所在国当地政府或相关部门的许可，或排放到当地政府部门指定的处理地点。

8. 有害废弃物

这里的有害废弃物，包括剩余或受到污染的化学药品、溶剂、润滑油、油漆，用过的电池、电缆修补材料、滤件、变压器，以及其他一些含有或受到污染的化学品等。

（1）制订有害废弃物处理方案。

（2）有害废弃必须分类存放在指定区域，也不得与其他无害物质相混合。

（3）必须采取措施，防止危险物质进入土壤和水体。

（4）有害废物必须回收或再生利用。

（5）有害废物的处置必须以所在国的法规规定的方式进行，具体参照本节“三、废物和残渣处理”中的方法。

（6）对危险物质的采购、使用、储存、处置和泄漏事件，都应做好完整的记录。

9. 硫化氢的防控

如果处理系统在含有硫化氢的环境运行，关于油气生产和处理过程中的详细硫化氢防控措施，参照当地相关规定和 SY/T 6137—2017《硫化氢环境天然气采集与处理安全规范》，并执行较严格的防控标准。

## 二、废物和残渣处理

废物和残渣包括：固体废物和残渣，例如罐底沉积物、钻井液和钻屑；液体废物和残余，例如生产废水和用过的油；以及气态废物，例如烃类和二氧化碳。

为保护人体健康和环境，最大限度地减小对作业者的长期影响，应当制订和执行一个恰当的废物管理方案。

根据需要，一个基于保护人体健康和环境的废物管理方案应当采用下列选项（按照先后次序采用一个、多个或全部选项）：

（1）源头消减——最大限度地消减或去除产出废物的体积和（或）毒性。

（2）重复利用——尽可能最大数量地重复利用和回收废物。

（3）处理——废物产生后采用相应的技术对废物进行处理，以消减其数量和毒性。

（4）处置——采用对环境无害和当地许可的方式处置产生的废物。

### 1. 源头消减

源头消减包括消减产出的废物或其他残留物的体积或毒性，产品替代是一个源头消减的范例。应当评估生产和维修用的化学物品，以确定低毒替代品是否满足性能和在经济上被作业者所接受。

### 2. 重复利用和回收

当所有的消减手段已经实施后，应当对剩余材料的重复利用或回收进行评估。如通过重新导入油蒸馏器或输送至精炼厂的方式可以回收废油、液压油和含油污水；如可能，油桶、蓄电池和金属切屑可以出售或归还卖主；在可行的地方，罐底沉积物和淤泥也能出售给回收人员。

### 3. 处理

在消减和重复利用的基础上，应当对废物进行处理，以最大限度地减少废物的体积和毒性。

消减方式有过滤、离心分离、蒸发和絮凝等，这些方法能够有效减少必须处理的废物体积。在处置前，可以通过化学处理、热处理和生物降解技术的方式消减废物的毒性。

### 4. 处置

当源头消减、重复利用和处理的手段已经被考虑或综合实施后，处置就成为废物处理的最后手段。处置前应当考虑废物的长远后果和成分。当选择在现场或现场之外的商业化处置方式时，应当评估下列因素进行：

（1）场地地形和地质特征。

（2）地下水和含水层。

（3）气候。

（4）土壤状态。

（5）天然排水地区。

（6）环境敏感状态。

（7）空气质量。

评估这些因素将有助于确定废物处置方式，以保护人体健康和环境，防控环境风险。废物处置方式有以下几种可供选择：

（1）现场填埋。

（2）现场填坑。

（3）地下的回注。

（4）得到许可和控制的流体排放。

（5）焚烧。

（6）商业处理。

废物和残渣处理应根据所在国法规执行。

海外项目应当保存相应的废物处理资料，并制订长期的记录保存政策。

## 三、溢出预防、应急响应和清理

溢出事故（包括油和含盐水溢漏）除了可能危害环境外，还可能直接影响生产、违反法律或影响公众。采用有效方式最大限度地减少溢泄事故非常重要。在进行具有溢出潜在风险的原油和化学品的现场储运活动之前，必须制订溢出事故的预防、应急响应和清理程序。

### 1. 预防

避免溢出的最好办法就是防止它们的发生。在预防溢出事故中，充分地培训管理人员和现场操作人员是关键因素。为预防意外溢出可以采取以下几个基本步骤：

（1）应当审查装置的设计，以确定什么地方有溢出发生的可能性。

使用审查结论时，应适当考虑下述内容：

① 根据需要改造现有的设备。在需要时安装新的仪器设备，减少溢出的可能和风险。为了预防、控制或最大限度地减少由于设备故障或人员失误导致的溢出，应当使用报警器、自动关闭设备或失效安全保障设备。

② 制订并保持腐蚀控制程序，确保所有设备的连续有效运行。

③ 对于设备故障可能导致溢出事故的地方，应按计划对管线、容器、调压阀、软管和其他污染预防设备进行例行测试和检查，这些测试和检查应当与装置的复杂性、状态和环境状况相适应。

④ 操作程序应能最大限度地减少可能溢出，并有书面材料以备所有操作人员获得。

⑤ 对现场排水方式和在排放沟渠关键点位所建的隔油池进行检查，可以控制溢油进入河流或水域。

（2）溢出预防的基础是制订培训程序，并提供给全体操作人员，使他们熟练掌握溢出预防的实际做法。

（3）为抵御飓风和其他自然和人为灾难，应当制订意外事故预案，以便最大限度地减少油品溢出的可能性、事故造成的污染或其他环境危害。

### 2. 消减

为减少油品溢出的可能性，可以采取的相关措施如下：

（1）当“死”管线和临时性接头不再需要时，应当予以拆除。

（2）振动的管道部件应当予以支撑，以减少移动和疲劳失效。

（3）应当对油罐的基础不均匀沉降、腐蚀和泄漏进行检查。

（4）对液体管线应当考虑安装泄压阀，避免闲置管线内的液体受热膨胀冲开泄压阀。

（5）当管线有移动可能时，不应当使用滑套式法兰。

### 3. 溢出事故应急预案

溢出一旦发生时，有关操作人员应熟知如何快速响应，有效控制、阻止和清理溢出。为确保事故得到有效控制，应制订意外事故预案，并提供给与事故有关的各方。

溢出事故预案也应包括向公众和政府通报和与新闻媒体接触的程序说明。

### 4. 控制与截留

溢出一旦发生时，应当在保证安全的前提下，立即关闭溢漏源头，或尽可能减少溢出。溢出物质的扩散应当被控制或截留在最小的区域内，以最大限度地减少不良后果。下列措施可用于控制和截留溢出物质（尤其是油品）：

（1）围绕油罐和其他有溢出可能的设备修建挡土墙和堤坝。

（2）设计第二道汇集带以阻止油品越过第一道挡墙或堤坝后的扩散。

（3）在靠近装置的水域设置固定隔栅。

（4）溢出发生后，在水中铺设临时隔栅。

（5）使用特殊化学品来胶凝或生物降解油品，防止溢出油品在水中或水面的扩散造成污染。

海外项目应当评估溢出的可能性和危害性，并利用掌握的资料来确定第一道和第二道截留设施所需的类型和规模。

安装或备用控制隔栅的类型和长度，是随装置和可能溢出的类型、规模及位置而变化的，每个关键地区或装置都应当掌握这些信息，并在装置意外事故预案中予以标明，意外事故预案应当指明应急设备的位置。

意外事故预案应当标明可以有效使用的化学剂类型，提供供货商的资料和供货渠道，适时组织管理人员和承包方全体人员参与溢出响应演练。

### 5. 清理

装置意外事故预案应当制订并包括清理程序、最新的有效清理材料和设备清单，以及可提供必要援助的潜在承包商的资料清单等。

根据每个区域溢出的可能性不同，应当随时就近保存适宜的备用清理材料，便于及时处理小规模的溢出。清理材料的数量，取决于溢出规模和材料供应所用的时间。

应当考虑以下建议的清理做法：

（1）就近使用清理材料和设备，采取立即行动清理任何溢出油品或其他物品。根据溢出物质性质，对清理作业的员工进行特殊培训。

（2）清理预案应当包括准备真空卡车及类似轻型设备，以便及时回收溢出物品。

（3）在公有和私有财产有可能受到溢出或后期清理作业影响时，清理预案应包括事先取得相关方同意。

（4）应当向土地使用者通报溢出并随时通报溢出的清理进程。

（5）及时分析以前的溢出事故，对现有规划、程序和方案进行改进或更新，以便制订更加有效的预防、控制、截留和清理方案。

## 四、装置报废

### 1. 装置拆除之前的吹扫和冲洗

所有设备，如储罐、分离器、仪表导管、出油管线和泵，均应予以吹扫和冲洗。恢复材料应当根据所在国当地法规要求进行重复利用、回收或处置。

### 2. 设备拆除

设备拆除应当考虑下列情况：

（1）大罐、分离器、仪表导管、地表管线、泵、其他裸露的地表设备及相关设备底座应当拆除。

（2）从地表或地下设备连接至埋设管线的裸露管道部分，应当被拆除到合适深度，以满足以后土壤的使用，或者一直到埋设管线的深度。当埋地管线不再使用时应予拆除。

（3）适当时，应当永久性密封所有报废管线的每个出口。

（4）报废管线拆除后，清除所有穿越标志和其他的管线标志。

（5）应当在装置地图上标识出报废管线的位置。

3. 坑的报废

关闭和回填所有的坑和地表蓄留设施，记录报废坑的位置。关闭必须符合当地的法规要求。从坑内清出的物质应当进行回收、重复利用或处置。

4. 土壤恢复

报废结束后，所有受干扰的地表区域应当进行清理，并恢复到与邻近土壤相似的状态或符合土地所有者的要求。

## 第六节　营地管理

营地管理，请参考本篇第二章第二节相关内容。

## 第七节　噪声控制

应当依据当地法规进行噪声的防控。针对设备区边界以外的环境和设备区内的工作环境，可参照执行下面的噪声防控指南和做法。

### 一、设备区边界以外的噪声防控

1. 预防和控制

如果在最敏感的接收点，项目设施或作业活动所产生的噪声预测会超过相关的噪声指标，则应采用噪声预防和控制措施。首选的固定源噪声控制方法是在噪声源采取噪声控制措施。噪声排放源的预防和控制方法取决于源本身及受体的距离远近。应考虑的降噪选择包括：

（1）选择音功率级低的设备。

（2）风机安装消声器。

（3）发动机排气管和压缩机部件安装适当的消声器。

（4）如设备的机壳产生噪声，则安装隔音罩。

（5）改进建筑物的隔音效果，采取隔音措施。

（6）安装无缺口隔音板，以最大限度减少穿过隔音板的声音。

（7）要发挥好的隔音效果，隔音板要尽量靠近声源，或靠近接收点。

（8）对机械设备安装振动隔离装置。

（9）限制特定设备或作业的运行时间，特别是在社区内穿行的移动噪声源。

（10）噪声源搬迁至敏感度较低的地区，以利用距离衰减和地形屏蔽。

（11）永久性设施尽量远离社区。

（12）在设施设计中，利用自然地形地貌来缓冲噪声。

（13）尽可能减少生产车辆穿越社区。

（14）建立记录和答复投诉的机制。

2. 噪声级指导值

噪声影响不应超过表 2–3–1 所列的指标。

表 2–3–1　噪声级指导值

| 受体 | dB（A） | |
|---|---|---|
| | 日间 | 夜间 |
| | 06：00—22：01 | 22：00—06：00 |
| 居住，办公，文教 | 55 | 45 |
| 工业，商业设施 | 70 | 70 |

## 二、不同工作环境的噪声防控

（1）在没有听觉保护的情况下，员工每天在 85dB（A）噪声环境中停留的时间不得超过8h。此外，在没有听觉保护的情况下，不得使员工暴露于超过140dB（C）的峰值声压（瞬间）。

（2）如果85dB（A）的噪声持续8h以上，或者峰值噪声达到140dB（C），或者平均噪声达到110dB（A），就应当积极采取听觉保护措施。所提供的听觉保护用具应当能够将耳朵听到的音量至少降低到85dB（A）。

（3）虽然最好在噪声超过85dB（A）的任何时间提供听觉保护，但可以通过限制噪声暴露的时间长度来达到相同的保护效果。噪声程度每提高3dB（A），允许的暴露时间就应当减少50%。

（4）在发给员工听觉保护用品（最终的噪声控制措施）之前，可以考虑和采用隔音材料、隔离噪声来源和其他工程方法（如果可行）降低噪声。

（5）如果工人暴露于高强度噪声环境，则应定期为其检查听力。

不同工作环境的噪声限度规定见表2-3-2。

**表2-3-2 不同工作环境的噪声上限**

| 地点/工作 | 等值 | 最大值 |
|---|---|---|
| | $LA_{eq}$（8h） | $LA_{max}$（fast） |
| 重工业（不需要口头沟通） | 85dB（A） | 110dB（A） |
| 轻工业（需要少量口头沟通） | 50～65dB（A） | 110dB（A） |
| 开放型办公室、控制室、服务柜台等等 | 45～50dB（A） | — |
| 单间办公室（没有噪声） | 40～45dB（A） | — |
| 课堂、大教室 | 35～40dB（A） | — |
| 医院 | 30～35dB（A） | 40dB（A） |

确定背景噪声级时，不应包括高度侵入性的噪声，例如飞机的飞行噪声和列车的行车噪声。

## 三、噪声监测

为了确定拟建或现有设施的现有环境噪声级，或为了核实设施运行期的噪声级，可进行噪声监测。噪声监测计划应由受过训练的专业人员来设计和执行。监测时长应足以进行统计分析，需持续 48h，使用的噪声监测仪应能够在监测期间内连续记录数据，每小时记录一次或以更高的频率记录数据，可根据具体情况而定（或监测几天的不同时间段，包括在工作日及周末工作日）。所记录的声学指标取决于所监测噪声的类型。监测仪应放置在距地面大约 1.5m 的位置，与任何反射面（例如墙壁）的距离不应小于 3m。一般而言，噪声级限制用背景噪声级或环境噪声级（即无所调查设施或无噪声源）来表示。

# 第三篇 国际安全形势和应对措施

# 第一章 中 东

中东是亚、非、欧三大洲的交汇之处，连接大西洋和印度洋。中东地区是指地中海东部与南部区域，从地中海东部到波斯湾的大片地区，包括伊朗、伊拉克、阿曼、卡塔尔、沙特阿拉伯、叙利亚和阿拉伯联合酋长国等国家，大约5亿人口。这些国家都是伊斯兰教国家。中东的重要海湾——波斯湾蕴藏着丰富的石油资源。

中东不只是一个地理概念，也是一个政治概念。有评论家指出：谁掌握了中东，谁就管控了世界。凸显中东的战略位置极其重要。

中东地区地理位置优越，石油资源极为丰富，油气储量大，单井产量高，油层埋藏深度适中，生产成本低廉，是各国油气博弈的核心地带。世界石油年产量 $40\times10^8$t，中东地区约占世界石油产量的30%。其中，沙特阿拉伯、伊朗和伊拉克三国石油产量占世界石油产量的20%以上。

中国石油在伊拉克、阿拉伯联合酋长国、伊朗、阿曼等多个国家从事油气投资和工程技术服务业务。

## 第一节 伊 朗

伊朗伊斯兰共和国（The Islamic Republic of Iran），简称伊朗。国土面积 $164.8\times10^4$km$^2$，人口7515万人。官方语言为波斯语。伊朗素有“欧亚陆桥”和“东西方空中走廊”之称。海岸线长2700km。境内多高原，东部为盆地和沙漠，属大陆性气候，冬冷夏热，大部分地区干燥少雨。

伊朗是一个多民族的穆斯林国家，其中波斯人占66%，阿塞拜疆人占 25%，库尔德人占 5%，还有阿拉伯人等少数民族。官方语言为波斯语，伊斯兰教（什叶派）为国教，98.8% 的居民信奉伊斯兰教，其中 91% 为什叶派，7.8% 为逊尼派。

伊朗国内政局较为复杂，加之伊核问题，安全大环境有很多不确定性。2018 年 5 月，美国政府退出了伊核协议，并在 11 月对伊朗石油部门重启制裁，这导致伊朗失业率攀升，经济也大幅陷入了衰退，使得货币越来越不值钱。据 2019 年 8 月 21 日最新的平行市场价，1 美元可以兑换 11.65 万伊朗里亚尔。

近年以来，在伊朗的中国公民遭到入室抢劫或被飞车贼掠走钱物的情况偶有发生。据统计，德黑兰市每天发生近二百起偷盗、抢劫案件。

在伊朗，尽量避免独自前往偏僻地区，如需要，最好有当地人陪同。要随身携带身份证件（最好是护照影印件），以便应对执法人员的盘查。值得警惕的是，有时可能遇到假冒警察，这时要认真判断其提出的问题和进一步的行动是否有违常规，注意保存有关证据，记下重要特征和信息，及时报警。

在伊朗，不遵守交通规则、争抢车道的情形司空见惯，交通事故较多，在大街上行走尤其要注意安全。

过去几年，伊朗多次发生反政府游行抗议活动。遇到一些政治集会或游行时，千万不要拍照，尽快远离游行示威人群。

伊朗是地震多发区，需有防震常识。夏季还需注意暴雨引发洪水及山区泥石流带来的影响。

## 第二节 伊拉克

伊拉克面积 $44.18\times10^4km^2$，人口约 3070 万人，是一个伊斯兰国家，伊斯兰教为国教，全国 95% 的人信奉伊斯兰教，其中什叶派穆斯林占 54.5%，逊尼派穆斯林占 40.5%，北部的库尔德人也信仰伊斯兰教，他们多属逊尼派，只有少数人信奉基督教或犹太教。伊拉克战争后，随着伊拉克社会秩序的逐步稳定，其石油工业开始恢复。国内电力、石油、卫生、水利、学校、医院等基础设施遭到严重破坏，急需大量资金技术的支持，市场前景广阔。但是由于安全局势动荡，教派冲突不断，恐怖活动回潮，发展速度缓慢。目前，伊拉克国内存在着教派冲突和民族矛盾，并仍有极端组织活动。

2018 年以来，伊拉克各类袭击事件有所减少，但目前伊拉克安全形势仍不容乐观，社会依然动荡，各类爆炸、自杀式袭击、武装抢劫等恐怖活动频出，特别是 2019 年 5 月至 11 月期间，油田区域及其周边恶性社会安全事件明显增加，严重威胁国际雇员人身安全，严重影响油田生产。2019 年 6 月 19 日凌晨 4 点，先后 3 枚火箭弹在一油田项目联合公司 OASIS 营地以南 200 余米处爆炸。该联合公司国际雇员迅速撤离了伊拉克。

未雨绸缪，防患未然。要充分认识伊拉克政治安全形势的复杂性、长期性和严峻性，积极有效应对，不能有丝毫放松，切实提高安全防范意识和防范能力，避免独自处出。

伊拉克夏季温度极高，气温在 50℃以上，应注意防暑降温。

## 第三节 叙 利 亚

叙利亚国土面积超过 $18\times10^4km^2$，两千多万人口。在中东，叙利亚是个中等国家，但是“能量”特别大。从地图上看，叙利亚周边国家都是非常敏感的国家，包括伊拉克、约旦、以色列、黎巴嫩，以及北部的土耳其和隔着伊拉克的伊朗。在一千二百多年前，叙利亚首都大马士革曾作为整个阿拉伯帝国的第一个首都长达一百多年。千百年来，阿拉伯伊斯兰文化已深深扎根于叙利亚社会土壤之中。其后，叙利亚虽然几经时代变迁、异族统治、外国占领，但其根深蒂固的“阿拉伯属性”及民众对阿拉伯民族的认同感却经久不衰。

2011 年 3 月，受“阿拉伯之春”的冲击，叙利亚政局开始动荡。2012 年 6 月 26 日，叙利亚总统巴沙尔·阿萨德表示叙利亚已处于战争状态，并要求刚刚改组的内阁全力以赴赢得战争胜利。

动荡局势给叙利亚带来严重影响。一是国内社会动荡，武装冲突升级，流血事件不断。二是国际社会不断施压，特别是欧美等西方国家甚至阿拉伯国家联盟对叙利亚实施石油禁运等更加严厉的制裁。三是经济重创，人民生活陷入困境。

中国石油自从 2012 年 6 月撤出叙利亚之后，至今没有再返回。

# 第二章　非　　洲

非洲位于亚洲的西南面，东濒印度洋，西临大西洋，北隔地中海与欧洲相望，习惯上以苏伊士运河为非洲和亚洲的分界。非洲地区包括苏丹、乍得、尼日尔等多个国家。非洲矿物资源丰富，石油主要分布在北非和大西洋沿岸各国，阿尔及利亚、尼日利亚等是非洲重要的石油生产国和输出国，约占世界总储量的12%。在过去十年中，石油产量的增加主要来自于安哥拉和尼日利亚的深海石油勘探、乍得和苏丹等国的新油气源，以及埃及的海上气田开采。未来几内亚湾等地的深海石油产量还将继续上升。中国石油在苏丹、南苏丹、阿尔及利亚、乍得等多个国家从事油气投资和工程技术服务业务。

## 第一节　苏丹和南苏丹

根据2005年苏丹《全面和平协议》和2011年1月苏丹南部公投结果，苏丹南部2011年7月9日正式宣布独立，成立南苏丹共和国。

南苏丹共和国（The Republic of South Sudan），面积$62\times10^4km^2$，人口826万人。主要居民是尼格罗人，属黑色人种，占全国人口的30%左右；主要部族有丁卡人、努埃尔人、希卢克人等，大多信奉基督教与拜物教。官方语言为英语，通用阿拉伯语。南苏丹首都朱巴（Juba），人口约40万人。

苏丹共和国（The Republic of the Sudan），简称苏丹，面积$188\times10^4km^2$，人口3089万人。全国气候差异很大，自北向南由热带沙漠气候向热带雨林气候过渡，最热季节气温可达50℃，全国年平均气温21℃，常年干旱，年平均降雨量不足100mm。阿拉伯语为官方语言，通用英语。

达尔富尔地区位于苏丹西部，毗邻利比亚、乍得及中非共和国，是苏丹最不发达的贫困地区。那里混居着信仰伊斯兰教的阿拉伯人和来自中、西非国家信仰基督教和原始宗教的黑人。20世纪60、70年代，苏丹西部地区发生了严重的旱灾，达尔富尔地区北部荒漠化不断加剧，牧民们纷纷向该地区南部迁徙，与当地居民争抢有限的水草资源，这使本来就不睦的信仰伊斯兰教的阿拉伯人与信仰基督教和原始宗教的黑人之间的矛盾更加尖锐。

南苏丹共和国独立后，北南双方围绕油气、土地等核心利益的分配仍纠缠不清。阿卜耶伊地区地位归属迟迟得不到确定，苏丹和南苏丹各自境内的政府军与反政府军之间的较量依然持续，部落之间的固有矛盾并没有得到化解，地区武装冲突接连不断。

从2011年12月开始，苏丹政府以南苏丹政府自独立以来没有为通过北方输油管道出口石油支付过境费为由，每天从南苏丹的出口石油中扣留一定份额作为“过境费”。2012年1月20日，南苏丹政府决定停止石油生产并停止通过苏丹输油管道出口石油。苏丹和南苏丹军队2012年3月和4月在边境地区发生大规模冲突。安理会2012年5月2日一致通过决议，要求苏丹、南苏丹立即停止一切武装冲突，将双方军队无条件撤至各自边界线内，并以非盟和平与安全理事会此前提出的路线图为蓝本，为苏丹和南苏丹设立了一系列最后期限。

苏丹面临经济恶化、货币贬值等强大压力，如何解决民生问题，是一个大的难题。

苏丹是一个政治安全形势很复杂的国家，同时又是一个对中国很友好的国家，当地绝大多数苏丹人对中国人都很友好，中国员工在苏丹受到特别的礼遇，尤其是在苏丹首都喀土穆，多年来几乎没有发生过针对中国人的治安事件。但苏丹又存在很多现实的复杂问题，比如达尔富尔问题等。在苏丹南部和达尔富尔地区时常发生绑架外国人质等重大恶性事件。2012年1月28日，一家中国公司在苏丹南科尔多凡州的公路项目工地遭苏丹人民解放运动（北方局）反政府武装袭击，

29 名中国工人被劫持。中国政府通过各种渠道，全力开展营救工作，使中方被劫持人员于 2012 年 2 月 7 日安全获救。2010 年 8 月 29 日，苏丹巴德尔航空公司雇佣的 3 名俄罗斯飞行员在苏丹达尔富尔南部城市尼亚拉被不明身份的武装分子绑架。2008 年 10 月 18 日，一个中资企业的 9 名员工，乘车行驶在苏丹当地油田 4 号地区的公路上时，遭遇不明身份武装分子的拦截，并被绑架，其中 5 人被杀害。

如遇必须在苏丹和南苏丹边界或达尔富尔地区旅行，务必安排当地军人或安保人员陪同。

## 第二节　阿尔及利亚

阿尔及利亚民主人民共和国（The People's Democratic Republic of Algeria，La République Algérienne Démocratique et Populaire），简称阿尔及利亚，面积 $238\times10^4km^2$。人口 3710 万人，大多数是阿拉伯人，其次是柏柏尔人（约占总人口 20%）。人均 GDP 约 5000 美元。官方语言为阿拉伯语，通用法语。海岸线长约 1200km。北部沿海地区属地中海气候，中部为热带草原气候，南部为热带沙漠气候。

首都阿尔及尔（Algiers，Alger），人口 256 万，是地中海南岸最大海港城市之一，位于阿尔及利亚北部沿海。

总体上阿尔及利亚人对中国人友好。但是，2009 年恐怖组织曾在网站上发表声明威胁要袭击中资企业。伊斯兰马格里布基地组织（Al-Qaida in the Islamic Maghreb，AQIM）是现存的主要恐怖组织，与基地组织之间存在联系。

阿尔及利亚武装抢劫事件时有发生。2018 年 6 月 10 日，一名 36 岁中方员工遭抢劫遇害。当日中午，该员工从银行取走大量现金后，到附近一家中餐馆就餐。当时司机离开该员工去礼拜，该员工独自行走距中餐馆约 50m 处，身中数刀去世。

盗抢事件是最常见的社会安全风险。在阿尔及利亚的中资企业员工每年都会遇到盗窃、抢劫事件。

阿尔及利亚是世界上交通事故最高发国家之一，特别是斋月期间要特别注意交通安全。外出途中可能会遇到小孩、青少年向中国人要钱或喊“阿里巴巴”，请勿理睬。在景点拍照时，请勿把照相机交给主动帮你拍照的青少年，他们拿到相机后可能跑掉。2009 年阿尔及尔当地人与中国商人发生殴斗，最终演变成对中国商铺的打砸抢恶劣事件。

阿尔及利亚为伊斯兰国家，伊斯兰教为国教。教规对民众的要求相对宽容，但需要尊重当地宗教习俗。

## 第三节 乍　得

乍得共和国（The Republic of Chad，La République du Tchad），简称乍得，面积 $128\times10^4km^2$，人口 1091 万人。乍得分为三个主要地理区域：北部沙漠地区、中部干旱的萨赫勒地区和南部较肥沃的草原地区。除北部高原山地外，大部分地区年平均气温 27℃以上，北部可达 29℃。官方语言为法语和乍得阿拉伯语。南方居民通用苏丹语系的萨拉语，北方通用乍得化的阿拉伯语。

首都恩贾梅纳是乍得最大的城市，人口 53 万人。

乍得全国共有大小部族 256 个。居民中 44% 信奉伊斯兰教，33% 信奉基督教，23% 信奉原始宗教。19 世纪末，法国殖民者开始入侵，1902 年占领全境。1960 年 8 月 11 日乍得宣告独立。独立后的乍得政局动荡，政权多次更迭。

多年来，反政府武装与政府军冲突不断，局势一直较为紧张。乍得国内长期处于战乱状态，流失民间枪支甚多。自 2009 年以来，政府加强管制，同时开展全国范围内私有武器清缴工作，整体治安情况趋于良好。但劫持外籍人员、入室抢劫、盗窃或在行走时被飞车贼掠走钱物的情况仍时有发生，特别是在乍得东部与苏丹接壤的边境地区及北部与中非相邻的边境地区。2018 年 10 月 29 日，油田现场车辆遭遇

3 名持枪歹徒袭击。2019 年 6 月 14 日，乍得当地时间晚 7 时许，一位女华商在恩贾梅纳市中心遭遇抢劫被枪击身亡。

前往乍得，需要提前接种黄热疫苗，携带国际旅行接种证书（俗称“黄皮书”）。未经许可，严禁在总统府门前、警察局、军队驻地、机场和电台等敏感地区拍照。

## 第四节 尼日尔

尼日尔共和国（The Republic of Niger，La République du Niger），简称尼日尔，面积 $126.7\times10^4 km^2$，人口 1573 万人。全国大部地区属撒哈拉沙漠，境内炎热，北部属热带沙漠气候，南部属热带草原气候。年平均气温 30℃，是世界上最热的国家之一。官方语言为法语。豪萨语可在全国大部分地区通用。

首都尼亚美（Niamey），人口 100 万人。

全国有 5 个主要民族：豪萨族（占全国人口的 56%）、哲尔马—桑海族（占全国人口的 22%）、颇尔族（占全国人口的 8.5%）、图阿雷格族（占全国人口的 8%）和卡努里族（占全国人口的 4%）。尼日尔是伊斯兰国家，88% 的居民信奉伊斯兰教，11.7% 信奉原始宗教，其余信奉基督教。

尼日尔位于非洲中西部，是撒哈拉沙漠南缘的内陆国。该国北部与阿尔及利亚和利比亚接壤，南部同尼日利亚和贝宁交界，西部与马里和布基纳法索毗连，东部同乍得相邻。

尼日尔人力、物资、服务等各种资源匮乏。军队只有一万余人，警察也很少，罢工、骚乱经常发生。偷窃、闹事、欺诈行为时有发生。同时，博科圣地组织时常进入尼日尔境内制造恐怖袭击活动。2015 年和 2018 年曾袭击中资企业在尼日尔的石油公路项目，迫使该项目无限期停工。

霍乱、马来热、黄热病是尼日尔的主要流行病。2012 年 8 月至 9

月，尼日尔强降雨引发八十年不遇洪水，并引发马来热和霍乱等疫情，致上百人死亡。

在尼日尔期间，中国石油要求，如果不履行出行程序，中方人员不得外出，外出必须乘坐项目统一安排的车辆，必须有安保人员陪同。另外，由于疟疾发病率较高，要求做好防蚊措施，发现发烧，第一时间就诊，并告诉医生，可能是疟疾。

# 第三章　拉丁美洲

拉丁美洲地区位于西半球南部，东面是大西洋，西面为太平洋，南面隔海与南极洲相望。拉丁美洲地区包括委内瑞拉、哥伦比亚和墨西哥等多个国家。拉丁美洲历史悠久，种族多样，文化多元，自然资源丰富，石油等储量居世界前列。拉丁美洲市场广阔，经济社会发展基础良好，发展潜力巨大，对华友好。中国石油在委内瑞拉、厄瓜多尔和墨西哥等多个国家从事油气投资和工程技术服务业务。

拉丁美洲是世界古代文明的重要发源地之一。印第安人是美洲古代文明的先驱和创造者。意大利航海家哥伦布到达美洲以前，印第安人已遍布美洲各地。

20 世纪 60 年代后，拉丁美洲各国普遍实行国有化运动，为发展民族经济扫除了一些障碍，拉丁美洲经济一体化的发展和深化，加强了拉丁美洲地区的经济合作，促进了各国间的贸易增长。这使拉丁美洲各国的工业、交通运输业、农业、教育科学文化事业都有很大发展。

2008 年 5 月下旬南美洲 12 国元首在巴西首都签署《南美国家联盟宪章》后该组织正式成立。2009 年 3 月 12 个会员国在智利成立了南美洲第一个地区军事联盟——南美防务委员会。

拉丁美洲各国积极探索符合本国国情的发展道路，政局保持稳定，经济基本稳定（除了委内瑞拉），人民生活不断改善。各国有着联合自强的强烈愿望，致力于促进本地区和平、稳定、发展，整体实力不断壮大，国际影响力不断增强。各国积极参与国际事务，为维护世界和平、促进共同发展作出了积极贡献，在国际和地区事务中发挥着日益重要的作用。

# 第一节　委内瑞拉

委内瑞拉玻利瓦尔共和国（The Bolivarian Republic of Venezuela，La República Bolivariana de Venezuela），简称委内瑞拉，面积 916700km$^2$，人口 2827 万人，人均 GDP 约 1 万美元。印欧混血种人占 58%，白人占 29%，黑人占 11%，印第安人占 2%。官方语言为西班牙语。海岸线长 2813km。全境除山地外基本上属热带草原气候。每年 6 月至 11 月为雨季，12 月至次年 5 月为旱季。

首都加拉加斯（Caracas），人口 322 万人，位于加勒比海之滨的阿维拉山南麓的一个三面环山的谷地，地处热带，海拔 1000m，气候温和，常年如春，被誉为“春城”。但加拉加斯被 CNN 评级为全球凶杀案犯罪率最高的城市。

委内瑞拉素有“石油如海，强盗如林”的称号，在委内瑞拉期间务必要提高警惕，加强安全防范。有些犯罪团伙，作案前先敲门，假冒修理水管等。一旦骗开门，在门两边等候的团伙便会窜进屋实施打劫。有些匪徒把车停放在一些机场、商场门口等客，以搭客为名，把客人载到一些僻静处，便用枪劫持客人，进行敲诈勒索。有的警察为匪徒踩点、通风报信，有的警察为歹徒“保驾护航”，有的警察甚至直接参与绑匪作案。遇到当地节假日，个别警察人员也会以各种借口拦截中方人员索取钱物。

委内瑞拉人 98% 信奉天主教，1.5% 信奉基督教新教。委内瑞拉人是一个活跃的、参与意识强的群体，喜欢发表自己的见解和主张。无论职务多么低、资历多么浅，都希望得到发表意见的机会。另外，不同政治派别的众多集会、游行，是委内瑞拉人参与意识的集中表现。由于殖民地文化的传统，委内瑞拉人社交意识很强，社交聚会活动十分普遍，在参与当地社交活动时，应注意不要涉及敏感话题。

登革热、黄热病等疾病在一定时期和一定地区流行。赴委内瑞拉旅行，要提前在出国人员管理中心注射相应疫苗。

委内瑞拉自然灾害主要有暴雨、洪水和由此导致的山体滑坡和泥石流。

## 第二节　厄瓜多尔

厄瓜多尔共和国（The Republic of Ecuador），简称厄瓜多尔，面积 $25 \times 10^4 km^2$，人口 1391 万人。官方语言为西班牙语，印第安人通用克丘亚语。赤道横贯国境北部（国名即西班牙语“赤道”之意）。东西部属热带雨林气候；山区盆地为热带草原气候，山区属亚热带森林气候。平均气温沿海为 23～25℃，东部地区为 23～27℃。

首都基多（Quito），海拔 2818m，人口 150 万人。气温全年在 10～23℃之间。基多依山筑城，是西半球最美丽的城市之一，也是厄瓜多尔的一座历史名城。

在厄瓜多尔首都基多以北 27km 的赤道线上，矗立着 1982 年 8 月 9 日建成的赤道纪念碑，联合国教科文组织确认这里是世界上位置最准确的赤道标记。

厄瓜多尔古代境内居住着印第安部落，1532 年沦为西班牙殖民地，1809 年 8 月 10 日宣布独立。1830 年宣布成立厄瓜多尔共和国。1979 年 8 月文人政府执政，结束了自 1972 年以来的军人统治。建国后，厄瓜多尔一直政局动荡，政变迭起。目前，厄瓜多尔采用共和政体，即总统制。根据三权分立原则设置立法机构、行政机构和司法机构。

厄瓜多尔印欧混血种人占 77.42%，印第安人占 6.83%，白种人占 10.46%，黑白混血种人占 2.74%，黑人和其他人种占 2.55%。厄瓜多尔 96% 以上的人信奉融入部分印地安文化色彩的天主教。

厄瓜多尔经济以农业为主，农业人口占总人口 47%。人均 GDP 约 4000 美元。

近期，厄瓜多尔境内的盗窃、勒索和抢劫等社会治安事件频繁发生，加上哥伦比亚反政府武装开始在两国交界地区频繁活动，甚至在厄瓜多尔境内策划、实施了多起绑架事件，致使其安全环境趋于紧张。

厄瓜多尔印第安土著居民大多居住于亚马逊丛林中，与油田开采区域重合，由于就业、涨工资等诉求，加之地方政府官员腐败、不作为，甚至纵容印第安人针对石油企业举行的罢工、集会、抗议活动。2019 年 8 月 20 日，安第斯项目油田现场遭遇当地群众围攻，劫持 28 名公司和承包商员工，粗暴关停场站内全部设备设施，造成大面积停电，油田停产；闹事群众还围困了两个钻井队，用砍刀等胁迫 40 名机组工人离开工作岗位。

在厄瓜多尔，平时出门最好结伴同行，尽量避免去偏僻的地方或穷人区。随身不要携带电脑等贵重物品，但要带少量救命钱，万一遭遇抢劫，不要反抗，应及时把身上的钱物交出。

## 第三节　秘　　鲁

秘鲁共和国（The Republic of Peru，La República del Perú），面积为 $128.52\times10^4km^2$，人口 2913.2 万人。西班牙语为官方语言。安第斯山纵贯南北，山地占全国面积的 1/3。全境从西向东分为三个区域：西部沿海区为狭长的干旱地带，有断续分布的平原；中部高原区主要为安第斯山中段，平均海拔约 4300m，亚马孙河发源地；东部为亚马孙林区。科罗普纳峰和萨尔坎大山海拔都在 6000m 以上，瓦斯卡兰山海拔 6768m，为秘鲁最高点。秘鲁西部属热带沙漠、草原气候，干燥而温和，年平均气温 12～32℃；中部气温变化大，年平均气温 1～14℃；东部属热带雨林气候，年平均气温 24～35℃。

秘鲁首都利马（lima）濒临太平洋，人口 821 万人。终年少雨，是世界有名的“不雨城”，冬季多雾潮湿。平均气温 15～25℃。

秘鲁是多种族国家，主要包括印第安人、印欧混血人和白人，约 90% 的居民信奉天主教。

公元11世纪，印第安人以库斯科城为首府，在高原地区建立了“印加帝国”。15～16世纪初形成美洲的古代文明之一——印加文明。

近年来，在秘鲁政府的严厉打击下，有组织的大型犯罪和恐怖活动得到有效遏制，激进组织、游击队已退出首都利马等主要大城市，但在山区和边远农村仍有活动。2012年4月9日30多名“光辉道路”反政府武装人员在秘鲁库斯科省艾查拉特地区绑架了卡米塞亚天然气项目承包公司的36名工人作为人质。4月14日36名人质获救。但在解救人质过程中，有4名警察在激战中牺牲。2019年2月19日晚，秘鲁马德雷迪奥斯地区的一家酒店遭到一伙委内瑞拉和哥伦比亚的团伙抢劫，该团伙绑架了40名美国和中国游客。

秘鲁贫困、腐败、社会分配不公及走私、贩毒等问题依然存在，犯罪率仍处在较高水平。在利马等大城市和城市间主要交通干线，偷盗和抢劫案件时有发生。

在秘鲁国内外出时尽量少带贵重物品及现金，并避免单独外出。首都利马虽然治安状况稍好，但老城区和郊区人员混杂，治安形势严峻，应避免前往。

秘鲁常见疾病有登革热和黄热病等，在赴秘鲁前需要注射黄热病、霍乱和甲肝三种疫苗。亚马孙雨林全年闷热潮湿，雨林中蚊子极多，最好穿长袖衫，并带有防蚊虫的喷雾剂。

## 第四节 哥伦比亚

哥伦比亚共和国（The Republic of Colombia，La República de Colombia），简称哥伦比亚，面积$114.2\times10^4km^2$，人口约4600万人，人均GDP约7000美元，西班牙语为国语。东部为亚马孙河与奥里诺科河上游支流冲积平原，约占全国总面积的三分之二。赤道横贯南部，平原南部和西岸为热带雨林气候，向北逐渐转为热带草原和干燥草原气候，海拔1000～2000m的山区属亚热带，2000～3000m属温带，3000～4500m

属高寒草地。

首都波哥大（Bogotá），人口650万人，年平均气温14℃，位于东科迪勒拉山脉西侧的苏马帕斯高原的谷地上，海拔为2640m。虽然靠近赤道，但因地势较高，气候凉爽，四季如春，是美洲大陆上的著名旅游胜地。

哥伦比亚印欧混血种人占60%，白种人占20%，黑白混血种人占18%，其余为黑种人和印第安人等。多数居民信奉天主教，还有少数人信奉基督教。

哥伦比亚历史上是以生产咖啡为主的农业国，但近年来以制糖、咖啡加工、纺织为主的轻工业也得到发展。

哥伦比亚以开采黄金历史悠久、黄金制品精美而驰名世界，所以素有“黄金之国”的美称。

哥伦比亚现在既是南美唯一的内战国，又是毒品帝国，贩毒猖獗，毒品犯罪呈常态化趋势，给社会安全提出严峻挑战。哥伦比亚内乱已持续几十年，主要是反政府游击队盘踞一方，与政府对抗。另外，名目繁多的准军事组织等也构成社会不安定的因素。2011年6月8日，4名中国人在哥伦比亚南部卡克塔省被绑架，2012年11月22日获释。

近年来，哥伦比亚政府在国内和平问题上采取强硬立场，确立主要通过军事手段解决内乱、“以战促和”的战略重心。对各非法武装采取不同策略分而治之，对准军事组织“联合自卫军”已成功实施多批遣散。目前，国内安全形势趋于好转，但反政府武装势力难以清剿。

哥伦比亚多个主要城市位于安第斯山区，城市间的公路蜿蜒、曲折，如遇雨雾，道路难行，多发事故。

在哥伦比亚城市间旅行，最好选择乘坐飞机。首都波哥大道路狭窄，高低不平，出行宜白天结伴并选择车况较好的车辆，避免赴偏僻地区。

# 第四章　中亚与蒙古

中亚地区包括乌兹别克斯坦、吉尔吉斯斯坦、土库曼斯坦、塔吉克斯坦、哈萨克斯坦和阿富汗等国家。在中亚地区生活有超过130个大小民族，主要民族是哈萨克、俄罗斯、乌兹别克、吉尔吉斯、土库曼、塔吉克等民族。

中亚地区是以伊斯兰教为主的多宗教地区。中亚各国主体民族哈萨克、乌兹别克、吉尔吉斯、土库曼、塔吉克族都是信仰伊斯兰教的民族。此外，这里居住的卡拉卡尔帕克人、维吾尔人、东干人、鞑靼人也属于穆斯林民族，普遍信仰伊斯兰教。

中亚各国政府尽管实行比较宽松的宗教政策，但坚持反对宗教干预政治的立场。中亚地区的穆斯林绝大多数是逊尼派，只有塔吉克族少部分穆斯林属什叶派。此外，在中亚的俄罗斯人、斯拉夫语族居民中有相当数量的东正教教徒，还有部分群众信仰天主教、新教和犹太教，这些教徒的数量不多。

## 第一节　哈萨克斯坦

哈萨克斯坦共和国（The Republic of Kazakhstan），简称哈萨克斯坦，面积$272.49\times10^4 km^2$，人口约1700万人。哈萨克语为国语，俄语是国家机关和地方自治机关使用的官方语言。该国位于亚洲中部，属典型大陆性气候，1月平均气温 -19～-4℃，7月平均气温19～26℃。

首都阿斯塔纳（Astana），人口55万人，处于俄罗斯裔居多数的北部地区和哈萨克人为主的南部地区的分界线上，四季气候宜人，生态环境良好。原首都为阿拉木图市（120万人），是哈萨克斯坦经济、金融、文化、教育和科研中心。

哈萨克斯坦人口以哈萨克族和俄罗斯族为主，其中哈萨克族占总人口65%；俄罗斯族占总人口22%，乌孜别克族占全国人口的3%，乌克兰族占总人口1.8%，维吾尔族占总人口1.4%。

2016年以来，哈萨克斯坦面临的恐怖威胁风险为“警戒级”。其境内伊斯兰解放党和塔布利吉组织等极端组织的活动越来越频繁。

近年以来，中哈民间冲突时有发生。2018年6月30日晚上，200多名当地青年围堵、恐吓20多名中资企业员工。2015年7月8日，哈萨克斯坦东部阿克托盖市发生哈中工人恶性群殴事件。中国有色集团承建的铜矿工程服务项目，工地上中方员工约150人，哈方员工约400人。冲突发生在食堂，哈方工人到中方员工宿舍进行打砸抢，事态一度蔓延至项目所在城镇，哈方工人见到中国人便攻击。145人参与斗殴，其中65人被送往医院接受治疗。

在哈萨克斯坦期间，要提高安全意识，加强安全防范措施。选择住所应避免一层和最上层，住宅应有安全门，门上装有安全防护链。任何情况下都不要将陌生人带到自己的住所内。傍晚或夜间乘坐出租车，应拨打058电话通过调度台订车，不要乘坐私人汽车。如出租车内已载有两人或两人以上乘客时应拒绝乘坐。在娱乐场所应避免与提供色情服务和形迹可疑的人接触。在公共场所要低调，不要张扬所携带的大额货币。兑换外币时应选择封闭式的银行兑换点。不要参与哈萨克斯坦法律所禁止的赌博活动。

根据哈萨克斯坦法律，警察局的工作人员例行检查护照或进入居民住宅应在6：00—22：00之间进行。若有人敲门并称自己是警察或其他部门工作人员时，应先确认来人的身份。警察除穿警服外，还应出示其工作证并佩带有号码的胸牌。其他部门的工作人员亦应出示其工作证（如居民委员会、房屋管理局、煤气公司、电业局、电话局等）。如果感到来人可疑，就不要为其开门，应请来访者告知其单位的值班电话，并按此电话通过值班人员确认来访者的合法性，或拨打邻居电话（最好是男性），帮助确认来访者身份后，才可将其同邻居一起放进家门。遇警察查验护照，应请其出示身份证件，并将其身份证件的号码、姓名和胸牌号码记下来。如果警察要求被查者随其一同乘其私人汽车到警察局去，应记下车牌号码并将此事及时通知使馆和项目人员。

## 第二节 阿 富 汗

阿富汗伊斯兰共和国（The Islamic Republic of Afghanistan），简称阿富汗，面积 $65\times10^4km^2$，人口 2900 万人。普什图语和达里语是官方语言。境内多山，高原和山地占全国面积的 4/5。全年干燥少雨，季节明显，冬季严寒，夏季酷热。

阿富汗普什图族占 40%，塔吉克族占 25%，此外还有哈扎拉、乌兹别克、土库曼等 20 多个少数民族。居民 99% 为穆斯林，信奉伊斯兰教，其中逊尼派穆斯林占 80%。

首都喀布尔（Kabul），是全国最大城市，人口 400 万人。这里气候温和，四季分明，年平均气温 13℃左右，海拔 1800m，周围群山峻岭呈“U”字形。

阿富汗是拥有各种文化的国家，因地理上位于东方与西方的交界点，在古时候，这里曾是很重要的贸易点和游牧民族的迁居点。

近年来，阿富汗政治与经济重建虽取得积极进展，但安全局势持续恶化，腐败、毒品泛滥等问题也威胁阿富汗的稳定和发展。

目前，阿富汗各省市、乡镇、村庄都各自成立自卫队，名义上是为了保卫各自领地平安，实际上武装割据、各自为政，以长老、部落为主导的新的武装力量正在形成，使得全国的安全形势和安全格局更加难以把握，利益的平衡将更加艰难。

阿富汗久经战乱，受破坏的基础设施、大量未爆地雷，还有大量非法鸦片与海洛因毒品贸易充斥其中。

相对来说，阿富汗东部和南部风险较高，西部和北部风险相对较低。近期恐怖势力向北部渗透，北部安全形势有逐渐恶化的趋势。

在阿富汗工作或旅行期间一定要加强安全防范，减少外出，避开人群密集和敏感场所。不要随意拍照，以避免招致不必要的麻烦和危险。在无安全保障的条件下，不要携带大量现金外出，注意人身及财物安全。外出携带必要的身份证件，以备军警检查。遵守当地法律法规，尊重当地的风俗习惯。

## 第三节 土库曼斯坦

土库曼斯坦（Turkmenistan，Türkmenistan），领土面积 $49.12\times10^4km^2$，人口 515 万人左右。全境大部分是低地，平原多在海拔 200m 以下，80% 的领土被卡拉库姆大沙漠覆盖。主要河流有阿姆河、捷詹河、穆尔加布河及阿特列克河等。土库曼斯坦位于亚洲大陆的中心处，属强烈大陆性气候，是世界上最干旱的地区之一。年平均温度为 14～16℃，夏季气温长期高达 35℃以上，冬季气温也可以低至 –33℃。年降水量则由西北面沙漠的 80mm，递增至东南山区的 240mm，雨季主要在春季（1 月至 5 月）。

土库曼斯坦有 100 多个民族，其中土库曼族人占 94.7%。通用俄语，官方语言为土库曼语，属阿尔泰语系的南支。1927 年以前，土库曼语用阿拉伯字母书写，以后采用拉丁字母，1940 年起使用西里尔字母。居民大多信奉伊斯兰教（逊尼派），俄罗斯族和亚美尼亚族信仰东正教。

土库曼斯坦首都阿什哈巴德（Ashgabat），是位于卡拉库姆沙漠中的一个绿洲城市，距伊朗边境超过 30km，气候干旱，人口有 68 万人，1 月平均气温 4.4℃，7 月平均气温 27.7℃，平均月降雨量仅 5mm。

土库曼斯坦人均 GDP 将近 5000 美元。土库曼斯坦拥有丰富的天然气（$24.6\times10^{12}m^3$，世界第五）和石油资源（$208\times10^8t$），石油天然气工业为该国的支柱产业。而农业方面则以种植棉花和小麦为主，亦有畜牧业。土库曼斯坦人善于编织地毯，以细羊毛编织的地毯闻名于世。

2007年，中国石油与土库曼斯坦签署天然气合作协议。该项目2009年底开始向中国输气。

近年来，土库曼斯坦政局一直保持稳定，社会治安状况较好，犯罪率较低。居民对中国人比较友善，很少发生针对华人的刑事案件。

土库曼斯坦全境有很多自然保护区，野生动物资源较为丰富，野外毒虫较多。夏季野外活动应注意安全。

土库曼斯坦安全机构对在该国的外国人监控严格，来访华人应遵守当地法律，以避免不必要的麻烦。

土库曼斯坦因地处地中海地震带上，时常受地震威胁。

## 第四节　乌兹别克斯坦

乌兹别克斯坦共和国（The Republic of Uzbekistan），简称乌兹别克斯坦，是一个位于中亚的内陆国家。乌兹别克斯坦国土东西长1425km，南北宽930km，边境线总长6221km，总面积为$44.74\times10^4km^2$，人口2889万人。7月平均气温为26～32℃，1月平均气温为-6～-3℃。年均降水量平原低地为80～200mm，山区为1000mm，大部分集中在冬春两季。全境地势东高西低。平原低地占全部面积的80%，大部分位于西北部的克孜勒库姆沙漠。东部和南部属天山山系和吉萨尔—阿赖山系的西缘，内有著名的费尔干纳盆地和泽拉夫尚盆地。

乌兹别克斯坦是一个由130多个民族组成的多民族国家。其中，乌兹别克族占80%，少数民族包括塔吉克族、俄罗斯族和哈萨克族等。居民主要信奉伊斯兰教和东正教。乌兹别克语为官方语言，俄语为通用语。

首都塔什干（Tashkent），人口213万人，位于锡尔河支流奇尔奇克河谷的绿洲中心，是古代东西方贸易的重要中心和交通要冲，著名的“丝绸之路”便经过这里。1月平均气温 −1.1℃，7月平均气温 27.5℃。

乌兹别克斯坦资源丰富，现探明有近100种矿产品。其中，黄金储量占世界第4位，石油已探明储量为 $5.84\times10^8$t，凝析油已探明储量为 $1.9\times10^8$t，天然气已探明储量为 $2.055\times10^{12}m^3$，煤储量为 $20\times10^8$t。

乌兹别克斯坦人均GDP约1600美元。现在是世界第6大棉花生产国和第2大棉花出口国，世界第7大黄金生产国。但乌兹别克斯坦经济结构单一，制造业和加工业落后。近年来，乌兹别克斯坦分阶段稳步推进市场经济改革，对国有企业进行私有化和非国有化，积极吸引外资，大力发展中小企业，逐步实现能源和粮食自给，基本保持了宏观经济和金融形势的稳定，经济实现较快发展。

2010年6月10日，中国石油与乌兹别克斯坦国家油气公司签署天然气购销框架协议，乌兹别克斯坦将向中国每年供应 $100\times10^8m^3$ 天然气。中国—中亚天然气管道西起土库曼斯坦和乌兹别克斯坦边境，穿越乌兹别克斯坦中部和哈萨克斯坦南部地区，在新疆霍尔果斯入境后与西气东输二线相连，全长1833km。

乌兹别克斯坦安全形势总体良好，政治和社会稳定，是独联体国家当中政局最稳定的国家之一。但2004年3月和7月，首都塔什干发生系列自杀式袭击事件；2005年5月，安集延市发生大规模武装骚乱事件，造成上百人死亡。

乌兹别克斯坦是地震多发地区，应注意防震。

## 第五节 蒙古国

蒙古国（Mongolia），领土面积为 $156.65\times10^4km^2$，蒙俄边境线长3485km，中蒙边境线长4676km，是亚洲中部的内陆国家，现有人口约275万人。境内有大小湖泊3000多个，总面积超过 $1.5\times10^4km^2$，属典型的大陆型气候。蒙古国是一个地广人稀的草原之国，平均人口密度为每平方千米 1.5 人。民族以喀尔喀蒙古族为主，约占全国人口的 80%，此外还有哈萨克族等。语言主要为喀尔喀蒙古语。居民主要信奉喇嘛教，还有一些居民信奉土著黄教和伊斯兰教。冬季最低气温可至 –40℃，夏季最高气温达 35℃。

首都乌兰巴托（Ulanbator），意思是“红色英雄城”，面积 4704km$^2$，常住人口 94.2 万人，其中 70%的人口是年轻人，是世界上人口最年轻的城市之一。

蒙古国实行有总统的议会制。总统是国家元首兼武装力量总司令，任期 4 年，最多可连任一届。国家大呼拉尔（议会）是国家最高权力机构，拥有立法权。国家大呼拉尔可提议讨论内外政策的任何问题。国家大呼拉尔为一院制议会，由 76 名议员组成，每届任期 4 年。政府为国家权力最高执行机关，政府成员由国家大呼拉尔任命。蒙古国经济以畜牧业和采矿业为主，曾长期实行计划经济，1991 年开始向市场经济过渡。近年来，蒙古国经济发展态势良好，宏观经济指标稳步增长，财政收入增加，汇率基本保持稳定。人均国内生产总值约 3000 美元。

蒙古国社会安全形势总体良好。但蒙古国社会贫富分化较为严重，引发诸多社会矛盾和问题，也直接影响社会治安状况。入室抢劫、针对外国公民的刑事案件时有发生。赴蒙古国人员应注意加强安全防范，低调行事，身边不要存放大量现金；遇有陌生人敲门，需谨慎对待。

近年来，蒙古国数次发生排华事件。2010 年 8 月，蒙古国的中国工人与当地极端组织成员、警察发生严重冲突，9 名中国工人被羁押。

# 第四篇 突发事件应急案例

# 第一章　苏丹“11·25”绑架和营救

## 第一节　项目基本情况

苏丹6区项目是中国石油天然气集团公司在苏丹的第一个石油勘探开发项目。1995年9月26日苏丹政府和中国石油天然气集团公司签署了《苏丹6区产品分成协议》，1996年1月1日生效。2002年10月30日，苏丹能矿部代表苏丹政府与中油国际有限责任公司和苏丹国家石油公司签署了《6区产品分成合同补充协议》《6区管道建设运营协议》和《6区管道建设运营土地租赁协议》。2004年3月16日，苏丹能矿部与中油国际有限责任公司签署了《6区原油销售协议》。根据《6区产量分成合同补充协议》的规定，中油国际有限责任公司持有该项目95%的合同者权益，苏丹国家石油公司持有该项目5%的合同者权益；根据《6区管道建设运营协议》的规定，中油国际有限责任公司拥有该项目100%合同者权益。

苏丹6区项目位于苏丹南部和Muglad盆地西北部，该区大部分面积为热带丛林，西部为沙漠，东南与1/2/4区毗邻。苏丹6区原始合同区面积59583km$^2$，经三次面积退还，2004年年底合同区面积为17874km$^2$，可继续进行石油作业并保留至2027年合同期结束。

苏丹存在很多现实的复杂问题，比如与南苏丹之间的边界问题、达尔富尔问题等。在苏丹和南苏丹边界地区，以及达尔富尔地区时常发生绑架外国人质等重大恶性事件。

苏丹境内除了最大的反政府武装“人民解放运动北方局”外，还活跃着4股反政府武装结成的联盟——“革命阵线”，其活动范围西起达尔富尔，东至青尼罗省的一片区域，南科尔多凡州位于其中。目前，“人民解放运动北方局”不仅与达尔富尔反政府武装“公正与平等运动”“苏丹解放运动（米纳维派）”等组织联合成立了“苏丹革命阵线”，还凭借奴巴山区的有利地形继续与政府军对抗。

## 第二节　事件应急处置

当地时间2010年11月25日23：50，中国石油苏丹6区项目作业现场班长张某在巡检过程中遭到不明身份的武装分子劫持。

事发后，在有关部门、中国驻苏丹使馆，以及苏丹政府等共同努力下，当地时间11月27日4：00，张某被移交给当地部落酋长代表后成功获救。具体应急处置过程如下：

2010年11月26日早上6：00左右，苏丹6区项目作业现场值班人员发现作业现场班长张某去向不明，现场全体员工和安保人员立刻组织搜寻。

7：30，搜寻人员在现场围栏和蒸发池之间发现张某的安全帽和破碎的眼镜及地面打斗拖拉痕迹，并随即向直线领导报告。

8：25，尼罗河公司及苏丹6区项目公司本部主要领导，指示加强搜寻，进一步落实情况并随时报告。

8：35，苏丹6区项目公司副总裁向苏丹石油部安全局局长通报上述绑架情况。

10：50，经调取现场视频录像发现2010年11月25日晚间11：50有4名武装分子持枪在输油泵区域劫持了正在巡检的中方员工。当时张某在武装分子胁迫下举起双手离开现场。

苏丹6区项目公司成立了应急救援领导小组，并安排有关负责同志赴项目前线作业现场。同时，将事件通报给中国驻苏丹大使馆和苏丹安全部门、能矿部、部落酋长，要求各方全力协助。当地军警封锁了当地各个主要路段路口，并调集警力紧急搜寻。

中国石油天然气集团公司总部获悉上述情况后，主要领导立即做了专门指示，成立以中国石油主管海外业务副总经理为组长的营救领导小组，全面指导协调营救工作。要求有关单位高度重视，把被劫持人员生命安全放在首位，动用各种资源全力搜救。

2010 年 11 月 27 日清晨 4：00 许，张某被摩托车转移至某路口，并被移交给当地部落酋长代表。随后，张某在酋长代表陪同下乘皮卡车至油田主营地路口，并被移交给油田安保人员，随后返回油田主营地宿舍。当时，经初步检查，张某精神状态正常、身体健康，无明显异常状况。

事后得知，张某在例行巡检过程中遭 3 名不明身份的武装分子劫持（其中 2 人持枪），劫匪在作案过程中抢走了张某的步话机、手机、钱等随身物品，并用木棒将张某驱打至厂区外。

监控录像显示：23：37，保安夜班巡逻车从装置外水池边经过；23：46，武装分子经过减黏装置循环水池，张某正在附近巡检；23：48，张某在二列加热炉附近巡检；23：49，武装分子包抄张某，其中一人用木棍殴打、驱赶张某离开厂区；23：51，武装分子架着张某快速离开。

随后，在数名劫匪接应下，张某被 3 辆摩托车由丛林小路接力转移至丛林深处，并被专人持械监禁。劫匪在转移及监禁张某过程中未实施暴力行为，并提供食品和饮水。劫匪透漏，劫持目的是为了交换其拘押在喀土穆监狱中的亲属。

上述绑架事件发生后，尼罗河公司和苏丹 6 区项目公司及时启动了应急响应机制，全力营救人质。

（1）成立现场营救领导小组和工作组，靠前指挥协调。

（2）将绑架事件第一时间上报中国石油天然气集团公司和海外勘探开发公司；同时，通报中国驻苏丹大使馆和苏丹国家安全部门。中国石油天然气集团公司领导高度重视，指示全力营救。

（3）要求并敦促当地政府全力协助搜救。当地军警及时封锁周边各主要路段路口，并调集警力搜寻。苏丹国家安全局和石油军警高级官员紧急赶赴现场指挥搜寻，苏丹南科多凡州长、富拉州长动员当地周边部落酋长协助寻找。

最后成功地将张某营救至油田安保人员处。

2010年11月27日早上8:00，中国驻苏丹大使、尼罗河公司总经理、海外勘探开发公司安全总监等领导亲临苏丹6区项目公司现场，看望获救人员，并组织召开现场办公会，要求立即开展安全隐患排查，提高安全防范意识和措施，确保人员安全。

## 第三节　思考与体会

初步分析认为，苏丹“11·25”绑架事件起因于苏丹反政府武装组织与苏丹政府之间的矛盾。实施这次绑架的一名劫匪曾向张某透露，劫持目的是为了交换其关押在喀土穆监狱中的亲戚，他们不会杀害张某。

张某具备应对绑架的技能，一方面保持镇定，冷静对待，与绑匪配合；另一方面，保持自信，坚信项目公司将很快组织营救，并有能力成功营救。

上述劫持绑架30h后，被成功营救，给我们的启示及经验教训如下：

（1）苏丹“11·25”事件发生后，领导高度重视，前后方密切配合，把被劫持人员生命安全放在首位。

（2）中国石油各级应急组织反应迅速，及时启动应急响应机制，并按程序分头迅速展开全方位营救工作。

（3）始终保持与苏丹政府、中国驻苏丹大使馆等相关政府部门和军警的良好紧密关系。

（4）保持与油区周边部落之间的良好关系。

（5）保持油田现场监控系统等安保设备设施正常运转。

（6）不推荐中方员工夜间例行巡检，要求中方员工尽量减少在外暴露时间。

# 第四节　社会安全管理工作策略思考

近年来，一些资源国反政府武装组织将矛头转向外国公民，绑架、持枪抢劫等恶性事件一再发生，确保海外项目中方人员的人身安全成为一项非常紧迫且极具挑战性的刚性任务。为加强应对，确保人员安全，推荐做好如下几项工作：

（1）要切实提高社会安全工作认识，始终坚持“员工生命高于一切”的核心工作理念。加强培训，强化意识，提高能力。教育员工如果遇到绑架劫持事件，要谨记：

① 保持镇定，接受现实，举止谨慎；即使食物很差，也要接受给予的食物。

② 要尽量在绑匪心目中降低你个人对于公司的重要性，做到谦而不卑。

③ 永不放弃获救希望，保持积极乐观情绪。

④ 即使呆在狭小的空间里每天也要进行体能锻炼。

⑤ 小心留意你身边的环境以及绑匪的行为细节。

⑥ 与绑架者友好相处，表现出一些幽默感是非常有益处的，尝试向他们分享你的经历以争取他们的同情，但同时需小心谨慎，不随便同情绑匪的犯罪理由。

⑦ 不要对绑匪做无用的抵抗。

⑧ 要认识到你在他们的掌握之中，服从他们在合理范围内的要求。

⑨ 交谈不要涉及争议话题，例如政治信仰或革命问题。

⑩ 不要透露对绑匪可能有用的信息，例如其他行政人员、你的家庭及公司安全问题等。

⑪ 不轻易尝试逃脱，除非你的计划有很大的成功几率。

⑫ 不要期望会被立刻释放，思想上要做好长期吃苦的准备，也许是数个月或更长的时间。

要加大安保应急培训力度，增强员工安全意识和应对紧急事件的能力。确保各项目副经理及以上人员、HSSE 专兼职人员接受中国石油举办的管理人员防恐安全培训，其他人员接受防恐安全操作人员培训，并取得合格证。

（2）要确保安保措施有效落实。切实强化自身安保管理，确保各项安保措施落实到位。进一步提升人防、物防和技防安保措施，降低安保风险。采取如武装护卫、铁丝网、监控系统、警犬等多种安保综合措施，提高抵御袭击的能力。流动作业要事先做好风险评估和应急方案。

（3）加强中方人员管理。人员外出要严格执行中国石油发布的旅行安全程序。中方人员坚持低调简行原则，减少在外暴露时间。

（4）要强化在项目所在地的公共关系和公益事业工作，与当地居民和头领保持良好紧密的关系。

（5）要保持与消息灵通人士、当地政府、军警的联系与沟通，营造一个相对安定的作业环境。

（6）要加强与中国驻外使馆和驻外媒体的密切联系，建立良好的互动关系。

（7）要继续推行本土化战略，充分利用好当地人力资源，尤其是作业前线岗位本地化措施要有明显成效。

（8）按照中国石油有关规定，组织开展社会安全管理审核工作，确保社会安全风险受控。

# 第二章 叙利亚社会动荡应急响应实践

## 第一节 项目基本情况

叙利亚 GBEIBE 项目是中国石油通过国际公开竞标获得的拥有作业权的油气投资项目。GBEIBE 油田位于叙利亚东北部，紧靠伊拉克边界。2004 年 7 月 26 日，成立联合作业公司叙—中考科卜石油公司（简称 SSKOC），中叙双方各占 50% 的股份，投入由中方 100% 承担。2004 年 7 月 20 日，中国石油将叙利亚 GBEIBE 石油合同的权益转让给中油国际—东方有限责任公司（简称 CNPCIO），其中中国石油权益 65%，振华石油 35%。

合同模式为含基础油的产品分成合同，与其他 PSC 合同相比具有利润油分成比高（中方 47.5 %，且节余成本油视为利润油）、矿费低（5%）、原油价格贴水少（炼化价值法）的优势。

截至 2011 年 8 月停产前，油田共有生产井 143 口，开井 118 口，注水井 3 口，平均日产油 $2212m^3/d$，平均含水率 26.4%，油田累积采油量 $0.11\times10^8m^3$。

近年以来，叙利亚经历了国际社会制裁、恐怖活动和内战，造成了安全局势的极大不确定性，战争、恐怖袭击、治安犯罪和社会动乱是面临的主要安全风险。中国驻叙利亚使馆多次发布安全预警，提醒中国公民谨慎前往叙利亚首都大马士革，暂勿前往叙利亚其他地区。

## 第二节 事件应急处置

2011 年 3 月，受“阿拉伯之春”的冲击，叙利亚政局开始动荡。

2012年初以后，暴力冲突逐渐升级，尤其是自2012年5月初以后，叙利亚国内暴力活动频发，内战爆发，安全局势迅速恶化。

中国石油叙利亚GBEIBE项目依据上述局势变化，多渠道收集信息，研判形势，提高认识，提升防范意识，强化防范措施，有序压减在叙利亚中方人员，确保了人员安全。2011年初，中国石油在叙利亚中方人员220名，至2011年底，压减至11人，2012年1月压减至3人，2012年6月14日留守在叙利亚的最后3名中方人员安全转移到迪拜办公。

## 一、健全机制

创建和完善公司级社会安全管理和应急领导小组及工作组，从组织方面保障安全形势研判和应急工作的开展。领导小组由中国石油驻叙利亚协调组负责人出任，成员包括中国石油在叙利亚各单位主要负责人，办公室设在叙利亚GBEIBE项目综合管理部。同时，为进一步规范和加强社会安全应急管理工作，立足实际，科学有效地应对各种突发事件，快、准、精、畅地通报各类社会安全事件，指定专人负责及时掌握和报告项目所在地区周边相关重大情况和动态，即时向上级单位报告，并向有关单位发出预警。自2011年3月15日起，应急领导小组办公室每天编发叙利亚社会安全形势日报，并在形势变化节点和发生突发事件时，即时编发社会安全事件快报。

## 二、控减人员

2011年10月9日凌晨，中国石油化工集团公司在叙利亚218钻井队营地遭到14名武装分子袭击，2台皮卡车被毁，并留下威胁信。同日晚，3名不明身份的人员闯入中国石油东方地球物理公司项目部现场工地停留超过3h。事件发生后，应急领导小组及时有序启动应急响应机制。

中国驻叙利亚大使立即约见叙利亚外交部副部长和内政部长，要求立即派军队保卫中国公民人身安全和公司财产安全。中国石油天然气集团公司总部、中国石油海外勘探开发公司领导指示："立即停止中方人员的野外作业，组织现场中方人员有序撤离"。中国石油海外防恐安全和 HSE 办公室要求，将现场安全风险等级提升为"极高风险（红色）"，中国石油海外勘探开发公司应急办公室指导现场人员撤离。

与此同时，叙利亚内政部在上述事件发生 24h 内派出军人守卫现场。中国石油长城钻探公司和东方地球物理公司项目部部署封存设备，现场人员准备有序撤离。中东地区协调组安排办理到迪拜的签证，准备包机等。油田现场中方人员立即交接工作，生产作业活动管理交接给当地员工。从接到中国石油天然气集团公司总部发出的撤离指令，到 40 多名现场中方员工从 600km 外现场安全撤到叙利亚首都大马士革，仅用两天半时间。

## 三、更新预案和撤离方案

与中国石油海外防恐安全和 HSE 办公室、中国石油海外勘探开发公司和中国驻叙利亚大使馆保持紧密联系。建立和完善应急预案体系，切实落实社会安全和突发事件应急管理所需的各种资源。制订了"紧急撤离预案"，包括"先乙方、后甲方""工人—技术人员—管理人员—管理层—总经理"的撤离顺序。开展应急撤离演练，准备应急物资。

根据局势变化，2011 年以来叙利亚 GBEIBE 项目 7 次更新应急预案和紧急情况下撤离方案，深入实地探查撤离路线，准备充足的干粮、饮用水等应急物资。2011 年 5 月和 10 月，叙利亚 GBEIBE 项目两次从油田作业现场成功撤离中方人员；2012 年 6 月叙利亚 GBEIBE 项目成功从大马士革本部转移中方人员至迪拜。叙利亚 GBEIBE 项目编制应急预案和撤离方案时，始终坚持先工人、技术人员，再管理人员、管理层，最后总经理的撤离顺序。在 2011 年 10 月份的油田现场中方人员撤离活动中，按次序分三批撤离了全部中方人员。同时，根据应急预案，将油田现场的生产经营管理有序、有效授权给当地员工。

### 四、强化安保管理　保障员工人身安全

加大力度组织检查现场安保防护设施和管理工作情况，及时查漏补缺，确保人防、物防和技防等各项安保防范措施的落实。在中方员工有序撤离叙利亚本土后，叙利亚 GBEIBE 项目坚持“以人为本”的原则，继续敦促叙利亚军警加强对项目的保护，加强对项目公司当地员工人身安全的保障，维持和维护油田生产。

## 第三节　思考与体会

上述应急处置有序、有效、成功，得益于以下几点：

（1）多年来，中国石油持续深化社会安全管理体系推广应用，要求强化油田作业现场、中方人员工作场所、生活驻地及旅程的安全管理，提高了社会安全应急处置能力。

（2）通过中国驻叙利亚使领馆、叙利亚政府、中国石油天然气集团公司总部、周边社区及当地员工等多种渠道，及时收集研判油田周边和项目所在国政治和社会安全信息，发现异常，立即报告。

（3）始终保持“Ready”状态，尤其是应急撤离路线有效可用，应急交通工作随时保持良好状态，工作交接手续事前反复演练，卫星电话等多种通信工具保持畅通，保持充足的应急生活必需品。

# 第三章　乍得局势恶化后人员有序撤离

## 第一节　项目基本情况

乍得油气勘探始于20世纪70年代，已发现南乍得、邦戈尔、乍得湖三个含油气盆地，地质储量约$12\times10^8$t，可采储量超过$3\times10^8$t，目前有十几家外国石油公司在乍得从事油气勘探开发和管道业务。2006年底中国石油进入乍得，2007年1月12日正式接管H区块勘探开发项目，并担任作业者。目前，中国石油在乍得已经建立上、下游一体化项目。

乍得属内陆农牧业国家，经济较落后。自2003年起石油取代传统棉花工业，成为最主要的出口收入来源。乍得国内反政府武装及周边“博科圣地”极端恐怖组织长期存在，恶性疾病频发，人员安全、健康风险极高。

2008年1月28日，乍得反政府武装从乍得东部地区发兵，目标直指首都恩贾梅纳。2008年2月1日，乍得政府军与反政府武装在恩贾梅纳以东50km处激烈交火，双方均使用了大量重型武器。

恩贾梅纳局势混乱，联合国、法国、美国等国际组织和国家开始撤出工作人员与本国公民。沙特驻乍得大使官邸遭到炸弹袭击，一名馆员的妻子和女儿不幸身亡。

## 第二节　事件应急处置

面对突发事件，在中国石油天然气集团公司总部和中国石油勘探开发公司的统一指挥下，中油国际（乍得）有限责任公司依据突发事件应急预案和当时情况，于2008年1月31日果断启动应急响应机制和撤离计划，至2008年2月4日成功将中国石油在乍得首都和作业现场的190名中国员工（含2名台湾同胞）和27名国际雇员安全撤离到喀麦隆。同时，在远离首都300多千米的Bongor作业区的3000多万美元中国石油财产得到完好保护，在紧急情况下完成了Ronier–4井的完井工作，为之后成功测试获得高产油流奠定了基础。

乍得和喀麦隆以沙里河分界，两国之间的唯一陆路通道是一座只有不足3m宽的单行桥。及时准确地预警和启动撤离计划是保证顺利撤离到喀麦隆的关键。

2008年1月30日在首都恩贾梅纳的政府军开始征用过往的皮卡车和吉普车，恩贾梅纳的安全局势急剧恶化。2008年1月31日，项目公司掌握的信息反映，拥有约300辆皮卡车共3000人的反政府武装突破了政府军的阿贝歇防线，距离首都只有400km，正兵分两路直奔恩贾梅纳而来。当天早晨，当地的学校和商店纷纷关门，部分当地员工请假，开始抢购食品和日用品等。多种渠道的情报已经表明，恩贾梅纳的战事很可能在未来24小时内爆发。

项目公司于2008年1月30日召开3次安全会议，分析安全形势，部署和检查应急物品。2008年1月31日上午召开了中国石油甲乙方安全协调会和项目公司内部的安全会议，宣布安全风险级别升为红色，同时启动应急响应机制和撤离计划，进行撤离前的各种准备。2008年1月31日晚间安排专人值班，并要求当地司机住在项目公司中方驻地值班。2008年1月31日午夜当地移动通信信号突然中断，显示安全局势迅速恶化。2008年2月1日早上5：30，项目公司根据实际情况将人员分为指挥小组、后勤小组、财务小组、行政小组和协调小组等五个小组，同步进行撤离前的准备工作。

2008年2月1日上午9点最新得到的消息，反政府武装距离首都只有65km。10：00向中国大使馆请示和汇报了中国石油乍得人员的撤离计划，并请求使馆给没有喀麦隆签证的中方员工办理外交照会。

12：00得到大使馆提供的外交照会。在得到中国石油天然气集团总部和大使馆的指令后，于下午1：30给所有中国石油乙方单位下达了撤离令，各单位按照撤离计划开始撤离。沿途撤离的车辆在狭窄的道路上缓慢移动，直到当地时间22：30车队才走完约50km的路程后安全到达喀麦隆边境城市古斯里的一个军营中。

作为海外油气投资的主体单位，乍得项目公司主动担当起本次撤离的组织任务，“不抛弃、不放弃”的责任感是克服困难的动力。中国石油天然气集团公司总部制定的“甲方主导，各方负责，统一行动，首都先撤”的指导方针，有效地稳定了各家队伍情绪，确保了首都和现场人员的有序撤离。

根据中国石油天然气集团公司总部指示，从2008年2月2日开始作业现场有序撤离，到2月4日下午3：30，顺利完成了现场所有121人的安全撤离工作。撤离前，在中国石油天然气集团公司总部有关技术部门的指导下，BGP现场人员认真作好设备的封存，将采集的数据体直接带回国内。长城125井队施工的Ronier-4井已经钻到设计深度，在长城钻井和斯仑贝谢公司的大力配合下，及时决定简化测井程序，完成电测、下套管固井，成功完井。Palmier-1井刚钻到1271m，成功封井。最终这两口已经见到良好油气显示的井得到了封存和保护。Ronier-4井经后来测试获得高产油气流。

## 第三节　思考与体会

上述撤离行动能够圆满完成，得益于以下几点：

（1）乍得项目公司健全了应急领导小组和工作组，并专门成立安保部，确保安保工作常态化。

（2）构建多渠道信息源，及时掌握最新的安全动态。及时准确的信息是有效应对战乱等突发事件的必要条件。

① 项目公司与中国驻乍得使领馆、当地政府、警察局、法国驻军、

部族长老、法国和西方在当地公司等均保持畅通联系。

② 关注媒体，如 BBC 和路透社及当地电视广播等，了解政府军和反政府军的动向。

③ 与法国和美国驻乍得使馆的安全官员和西方公司如 Exxon 和斯仑贝谢等公司的安保人员建立定期联络制度，共享情报。

④ 通过当地警察局、保安公司、军队及当地员工和友好人士，建立不定期的信息报告制度。

⑤ 注意观察当地的异常动态，从市民的反映观察局势的紧张程度。

（3）及时研判形势并预测发展趋势。建立了风险评估体系，包括风险识别、风险分级和风险预警，努力提高应急反应速度。

根据反政府武装据点在乍得东部边境的特点，项目公司从时间上制定了三级预警制度：

① 一级是充分预警，即根据掌握的信息判断，突发事件如战争爆发的可能时间在 72 小时之后，首都和作业区无突发性危险。

② 二级是部分预警，24～72 小时内可能发生突发性事件。

③ 三级是无预警，即在 24 小时内随时有可能爆发战争，也是项目公司确定的红色警戒线，即随时有可能发生重大危险，必须立即撤离。

针对不同的预警级别，项目公司编制了相应的应急措施和检查表。

（4）及时更新完善应急预案和撤离计划，并实地考察撤离路线，储备应急物资并确保可用性。鉴于当地通信条件极差和随时可能被切断的特点，项目公司在给所有员工配备当地手机的同时，项目主要人员还配备了喀麦隆手机，开通了国内手机的漫游业务，部门经理以上人员和现场所有甲方监督都配备卫星电话和数据通信设备，并要求所有服务商配备卫星电话，保证作业现场和首都办公室的通信在任何情况下不受影响。

除四级通信设备外，还在首都和作业现场配备了必要的应急物资，并有严格的管理制度，包括应急资金、应急食品和应急药品等。

（5）建设和谐团队，使当地员工积极帮助和保护公司财产。在中国石油企业文化的熏陶下，项目公司当地员工逐渐形成了“我就是中国石油家庭一员”的工作理念，对项目公司尽忠职守。从首都撤离时，当地的5名司机不顾家庭处于危险之中，一直将项目公司外方人员送到嘎鲁瓦国际机场，直到2008年2月6日才回到乍得。本次战乱中，正是当地员工在劫匪抢劫过程中挺身而出，保护了项目公司办公室内停放的价值20万美元的4辆车，及时制止了抢劫行为。现场的BGP和长城钻井等的所有设备没有发生被抢，为项目恢复办公和现场作业大大节约了时间。

（6）加强沟通和交流，得到当地员工和政府的理解和支持。项目公司注重公司内部的和谐文化建设、作业区现场的和谐社区建设，与当地建立良好的沟通和交流。平时主动加强与当地社区联系，定期拜访作业区的头领，作业前通报情况，制订公开、透明的赔偿标准，为当地社区捐赠药品，打水井，回收处理废物，努力树立中国石油负责任的国际大公司的良好形象。

# 第四章　两苏战争尼罗河公司 1/2/4 项目应对措施

## 第一节　项目基本情况

20 世纪 70 年代美国雪佛龙公司在苏丹南部的穆格莱德（Muglad）盆地和迈鲁特（Melut）盆地投资 10 多亿美元进行了长达十多年的石油勘探，仅发现了几个出油点和两个小油田。20 世纪 80 年代末，由于政治和安全原因美国雪佛龙公司撤离苏丹。20 世纪 90 年代中期，苏丹政府重新划分了 14 个区块进行对外招标。1996 年，中国石油采用与其他外国公司联合投资的方式参与了原苏丹 1/2/4 区项目投标。在中国和苏丹两国领导人、两国政府有关部门和中国驻苏丹使馆的大力支持下，苏丹政府同意由中国石油牵头组建国际石油投资集团，联合开发原苏丹 1/2/4 区石油资源。

苏丹自独立以来，南北双方因民族、宗教等原因，长期处于战争状态。在国际社会多次斡旋下，2005 年苏丹南北双方达成联合执政过渡协议，并承诺 2011 年南方可举行全民公投决定是否独立。后经全民公投，南苏丹于 2011 年 7 月 9 日独立建国。自此，原苏丹 1/2/4 区项目南部的 5 个油田划为南苏丹资产。

经过多轮艰苦谈判，2012 年 1 月 13 日，中国石油天然气集团公司（CNPC）、马来西亚石油公司（Petronas）、印度石油公司（ONGC）和南苏丹石油公司（Nilepet）共同与南苏丹政府签订过渡协议（Transition Agreement），在沿用原苏丹政府与投资伙伴签署的产品分成协议基础上，对苏丹南北分离后涉及的原条款中的相关内容进行了补充修订和重新界定，为原苏丹 1/2/4 区在南苏丹境内油田独立运营奠定了法律基础。随即，南苏丹政府致函投资伙伴，要求在南苏丹成立石油作业公司，独立开展1/2/4区在其境内油田的石油作业。

2012年1月23日，南苏丹与苏丹因为提油争议致使两国关系出现紧张，南苏丹政府下令关闭其境内油田生产，1/2/4区南苏丹境内石油作业停止。2012年3月16日，投资伙伴在毛里求斯注册联合作业公司——大先锋作业公司（GPOC），负责原苏丹1/2/4区在南苏丹境内合同区的石油作业，并设立中方组织机构，命名为南苏丹124区项目，大先锋作业公司（GPOC）于2012年4月26日完成南苏丹注册手续，正式启动运营。南苏丹124区项目合同区面积包括原1/2/4区的1B区、4区南部、1A区大部分面积和2A区小部分面积（实际作业中，将2A区并入1A区统一部署），联合作业公司中各投资伙伴保持原产品分成协议股权比例不变，分别为CNPC40%、Petronas30%、ONGC25%、Nilepet5%。

南苏丹124区项目合同区总面积为18898km$^2$，占原苏丹1/2/4区项目总面积的的51.5%，其中勘探区面积16665km$^2$，根据南苏丹政府2017年1月6日的停产延期补偿612天，实际有效勘探期至2020年2月16日结束，目前南苏丹政府口头承诺到期后将考虑再次给予延期；开发区和勘探区已转入开发的面积2233km$^2$（其中1B开发区面积154.6km$^2$），2017年1月6日获得南苏丹政府67个月的停产补偿延期和5年合同延期，开发区面积结束期限为2032年6月28日。

多年以来，南苏丹和苏丹局部地区武装冲突不断，恐怖袭击频发，武装绑架劫持等恶性事件多发。

南苏丹2011年从苏丹独立，面积约62×10$^4$km$^2$。南苏丹系多部族国家，有丁卡、努尔、希鲁克、巴里等64个部族，人口约1100万人。大多信奉原始部落宗教，约18%的居民信奉伊斯兰教，约17%的居民信奉基督教。首都朱巴（Juba）人口约50万人。官方语言为英语，通用阿拉伯语。

## 第二节　事件应急处置

2012 年，苏丹和南苏丹在 1/2/4 油田所在的边境地区，发生多场战争冲突，经历了惊心动魄的紧急疏散和多次大规模撤离，累计撤离人员 4530 余人次，其中包括 335 名中方人员。本次成功撤离充分体现了项目公司应急制度完善、组织部署周全、措施行动有效，是一场成功应急案例。

苏丹南北分离后，苏丹和南苏丹在边界划分、石油利益分配等问题上存在严重分歧，双方进行多轮谈判皆未能达成协议。2012 年初，苏丹政府在港口强行提取南苏丹政府份额油，用以冲抵被拖欠的过境费，南苏丹政府则强制关停其境内油田，责令 1/2/4 项目南、北部油田分立经营。2012 年 3 月 20 日，1/2/4 区分为南、北两个项目公司进行独立运营。1/2/4 区南部油田被关停后，苏丹政府提出北部油田上产 $7\times10^4$bbl/d 的目标，项目随即制订了上产方案，2012 年 3 月中旬原油日产水平即由年初的 $5.2\times10^4$bbl/d 上升至 $5.9\times10^4$bbl/d。北部油田上产使南苏丹在谈判中陷入更加被动的局面，一场以占领 1/2/4 项目黑格里格油田为主要目的的战争由此爆发。

突如其来的战争，既考验着 1/2/4 项目 HSSE 管理水平和应急能力，也威胁着油田甲乙方员工的生命安全。在苏丹政府等支持下，项目公司紧急动员、高效组织，在 2012 年 3 月 26 日至 4 月 10 日的四场战争期间，动用 48 架次各类飞机、三条空中航线、400 台次车辆，实施了三次大规模紧急撤离。整个过程没有造成一名员工伤亡，伙伴和政府称赞“创造了安全奇迹”

### 一、及时掌握信息和做出准确预判

“3·26”两苏冲突发生时，苏丹军方和安全部门出于军事保密和生产稳定考虑，未向 1/2/4 项目公司人员提供有关信息，事发前甲乙方人员均未接到安全预警，炮弹已在井场附近爆炸后，安保人员依然要求油田人员继续工作，致使南苏丹军队攻入 Hamra 油田时，油田人员猝不及防。“3·26”冲突后，中方领导陪同苏丹石油部长巡视军营、战场布防和被毁乙方营地，向政府提出增加兵力、加强安全信息通报等要求，尽管苏丹政府一再强调油田不会再遭受攻击，但尼罗河公司领导根据现场获得的第一手资料，结合来自中国使领馆等信息，迅速做出判断，立即启动中方人员撤离油田计划。4 月初，除 22 名关键岗位人员外，现场各单位中方人员全部撤至喀土穆，为“4·10”战争中留守人员的安全撤离奠定了基础。

## 二、完善应急管理体系

1/2/4 项目公司按照风险预警级别，制订了相应的风险管控方法和应急预案，明确规定政府与伙伴、项目公司管理层、项目公司执行层三个管理层次的职责和权限。项目公司设立应急管理委员会、应急协调中心和现场应急指挥部三个管理层级，加强与政府及伙伴的沟通、公司内部协调及对现场执行紧急预案的跟踪落实。完善的应急管理体系保障了紧急情况发生时，管理到位、协调到位、信息到位、措施到位、执行到位，政府、伙伴、联合公司、乙方队伍协同配合、迅速行动、有效组织，确保了人员安全。

## 三、严密组织和高效协调

在撤离工作中，1/2/4 项目严密组织和快速协调机制都起到了至关重要的作用。应急响应机制启动后，全体动员，分工负责，相关单位和部门指定协调人，保障危急时刻紧而不慌、忙而不乱，各项指令迅速得到传达和全面实施。2012 年 4 月 1 日，南苏丹军队再次向苏丹发起进攻，项目公司立即启动空中紧急撤离。鉴于撤往喀土穆耗时较长，遂决定优先安排外籍员工乘直升机和货机转往距离较近的 Neem 和 Baleela 营地，有效节约了转运时间；为尽快完成撤离，项目公司连续三天三夜安排航班，在黑格里格机场不具备夜航能力的条件下，采用车辆为飞机指引航道的方式，保证了紧急时刻人员安全、快速撤离。

### 四、及时更新和完善应急预案

战争形势瞬息万变，即使再完备的应急预案，在实施时也会发生意想不到的情况，需要采取有效措施及时更新。“3·26”撤离中，人员陆路撤离中途遭遇地方部落拦截，长时间无法通过。之后，管理层及时调整撤离方案，将空中路线作为外籍员工撤离的主要途径。在“4·10”撤离中，由于黑格里格已经被南苏丹军队占领，直升机飞行安全难以保证，项目公司当即协调军方护送 14 名中方人员和 200 多名当地员工由陆路撤出 4 区西部的 Canar 和 Diffra 油田。每次应急响应实施后，项目公司立即进行总结，对应急预案进行改进，使撤离工作组织更加有效、实施更加顺利。

### 五、中国石油在苏丹单位统筹管理

一直以来，苏丹地区中方社会安全管理实行尼罗河公司统一组织、各单位协同配合的模式，特别是为应对苏丹南北分离，尼罗河公司建立了一套高效的应急反应体系，在本次战争应对中，发挥了重要作用。“3·26”战争发生后，苏丹地区协调组统筹协调、统一指挥，项目公司与乙方单位协同配合，迅速行动、有效组织，确保了中方人员的快速集结和安全撤离。在撤离组织中，尼罗河公司六区等项目顾全大局，提前安排撤离人员在 Baleela 机场中转期间的医疗、食宿等后勤支持，疏解撤离人员情绪。在整个过程中，中国石油在苏丹单位密切配合、互相帮助，保证了撤离工作组织严密、井然有序、安全高效。

## 第三节　思考与体会

在这场历时近一个月的战争中，1/2/4 项目现场人员遇到了不少困难、曲折甚至险情，但最终安全、高效地实现了撤离，经受住了严酷的考验。

（1）当战争发生时，迅速组织人员撤离危险区域为当务之急。

战争残酷、枪炮无情，与社会动乱、部落冲突等事件有着明显区别。在战争爆发时，将人员快速撤离战争区域是必然、最佳，也是首要选择。

（2）信息获取和果断决策对于有序撤离至关重要。

在战争状态下，军方有可能对重要信息进行封锁，对项目公司应急反应极为不利。此时，项目公司管理层需要冷静判断，果断决策。此外，及时的现场考察分析和建立必要的情报获取渠道是海外项目规避安全风险的有效途径。

（3）应急预案中的协调联络人在撤离行动中具有重要作用。

多年来，1/2/4 项目公司大幅提升员工本土化水平，油田现场中方人员比例很低，而项目公司与乙方队伍中方人员的联络，主要通过公司的现场中方人员来实现，因此各单位联络人员的组织和衔接就尤为重要。危机中一旦人员不能有效衔接，很可能会出现人员落实不到位的情况。

# 第五章　亚马孙雨林原住民骚乱的有序应对

## 第一节　项目基本情况

中油国际拉美（秘鲁）公司是中国石油在党中央、国务院“利用两种资源、两个市场”和“走出去”战略方针政策指引下，在中国石油国际化发展战略决策的指导下，顺利实施国际化经营的“第一站”，秘鲁6/7区项目被誉为中国石油海外创业的“试验田”和“星星之火”。从1993年至现在，项目从最初的6/7区两个区块发展到6区、7区、8区、57区、58区、10区块、1–AB区共3个公司7个区块。其中，6/7/10区位于秘鲁西北部的塔拉拉盆地，地貌为半干旱沙漠；8区位于秘鲁北部的马拉弄盆地，57/58区位于上帝之母盆地，地貌均为亚马孙河流域热带雨林。中油国际（秘鲁）8区项目公司总部位于秘鲁利马市，项目作业区位于秘鲁Trompeteros市，为合资公司经营模式。2003年11月21日，中国石油国际勘探开发公司（CNODC）与Pluspetrol签署购股协议，CNODC出资1.2亿美元，购买了秘鲁Pluspetrol Norte（以下简称PPN）公司45%股权，中方间接拥有秘鲁1AB区45%和8区27%的权益。2015年8月1AB区合同到期。

秘鲁8区位于秘鲁东北部的Maranon盆地北部，属典型的热带雨林区，气候湿热多雨。8区油田面积1823km$^2$。1973年投入开发，至今有45年的历史。该区缺乏与外界沟通的地面公路网络，物资主要通过水路运输和直升机吊运。油田自成体系，修建了拔头厂、发电站及注水等系统，以自有原油作为能源供应。

当前秘鲁存在的社会安全风险主要为：以持枪抢劫为主的机会主义犯罪，劫车、袭击和武装抢劫等暴力犯罪在首都利马和其他城市及乡村非常常见。

恐怖主义威胁仍然存在，反叛活动在偏远乡村地区仍在持续，袭击主要瞄准秘鲁军方及当地企业。

政府已经将存在叛乱、恐怖主义和犯罪活动的阿普里马克等多个丛林区域指定为安全紧急区域。这些区域处于紧急状态，外国人员会面临非常大的危险。丛林地区原住民为了获得更多就业机会、获取更多福利，时常聚众示威、堵路阻工，甚至发生局部骚乱。

## 第二节　事件应急处置

2003 年，中国石油与阿根廷普鲁斯石油公司就秘鲁 1AB 区和 8 区两个油田项目签署了合作开发协议，从此中国石油便开始扎根亚马孙水系和热带雨林。

2009 年初，秘鲁着手实施两份饱受争议的土地法令，其主要内容是鼓励投资，并给予政府更多出售亚马孙雨林土地的权力，损害了原住民的利益。2009 年 4 月 9 日大约 1350 名亚马孙雨林区原住民占领了 Corriente 等河流重要位置，堵截了 1AB/8 区项目公司生产作业物资河流运输。2009 年 4 月 10 日上午原住民占领了 1AB 的 Dorissa 油田及 8 区的飞机场。在原住民进入 1AB 的 Dorissa 油田之前，作业公司有序关停该油田生产并撤出公司雇员，由政府授权的保安人员暂时看管油田设施。政府代表与原住民代表经过谈判，2009 年 4 月 11 日下午原住民开始撤离油田，晚上 Dorissa 油田逐步恢复正常生产。4 月 23 日原住民包围了秘鲁石油外输干线的 6 号泵站，并切断了该泵站与外界联系，包括电力供应、生活用水和食品、电话线，6 号泵站原油泵输当日停止。5 月 19 日原住民又包围了 5 号原油泵站，5 月 18 日、19 日聚集围堵在 5 号、6 号泵站周围的原住民超过 2000 人以上。

在项目公司等的敦促下，秘鲁政府在第一时间向 2 个泵站分别派遣上百名防爆警察保卫该泵站的设施。1AB 的原油一直是通过 5 号泵站向6号泵站输油，6号泵站的关停造成从2009年4月23日开始1AB油田外输原油全部进入5号泵站的罐区储存，由于5号泵站罐区库存量已经接近满罐，从5月19日开始1AB原油无法向外输干线输油；由于1AB区各油田内部储油罐库存能力有限，作业公司被迫采取关井限产手段维持生产运行。

2009年6月5日政府派遣的防暴警察开始驱散堵截该地区高速公路达40多天的原住民，手持大刀、长矛、猎枪等武器的原住民与警察发生武力冲突。Bagua地区约上千原住民冲进石油秘鲁公司输油管线6号泵站，劫持了负责守卫该泵站的38名防暴警察和1名石油工程师作为人质，要求政府谈判，并立即撤出该地区全部警察部队，解除宵禁。2009年6月7日早晨开始，大约1200名原住民围堵了1AB和8区油田营地，准备占领2座油田营地和Andoa、Tropetero飞机场，政府派遣了大量的警力进驻油田，守卫油田的政府警察与原住民进行了对话。1AB油田于6月5日开始被迫全部停产，8区情况紧急。围堵油田的原住民人数不断增加，联合公司有序减少驻油田工作人员。

基于上述情况，中国石油南美公司和秘鲁1AB/8区联合公司第一时间启动了应急响应机制，调整社会安全风险等级至最高级。中国石油南美公司负责人亲临秘鲁，会见中国驻秘鲁大使，请求使馆敦促秘鲁政府，保护油田员工人身安全，保护油田资产安全。

期间，为确保员工人身安全，从4月10日开始中国石油南美公司要求中方人员不得前往雨林区的油田现场，不靠近原住民聚集点。同时，1AB/8区联合公司一方面请求当地政府加强保护油田，一方面有序安排油田现场人员撤离。

2009年6月10日，秘鲁国会投票决定暂缓实施土地法令，抗议事件逐渐平息。项目公司采取积极措施，有关员工陆续返回油田现场。2009年6月13日油田复产。

由于应急处理得当，近两个月的原住民骚乱，中方人员和联合公司员工实现零伤亡，油田设备设施保存完好。

## 第三节　思考与体会

近两个月的原住民骚乱，确保了员工安全和财产完好，首先得益于有强有力的现场应急处置组织，中国石油南美公司安全主管领导深入一线，靠前指挥和协调。其次得益于应急联动机制的及时响应。秘鲁 1AB/8 区联合公司和南美公司一直保持与使领馆、当地政府、军警等多方的良好关系。抗议活动发生后，多方联动及时采取有效措施，确保联合公司员工安全，保障油田财产安全。第三是得益于加强了人员管理，及时组织油田现场员工有序撤离。为确保员工人身安全，中国石油在 2009 年 4 月中旬就要求中方人员不要前往雨林区的油田项目，同时要求联合公司有序撤离现场员工，包括现场当地员工。第四是得益于中国石油及联合公司长期和原住民建立的融洽关系。自 2003 年项目启动以来，油田项目不仅为 1000 多印第安原住民提供了就业机会，还积极扶助当地公共事业。项目共投资超过 2000 万美元用于公益，如修建医院、学校等。在油田周边地区，项目共建十多处医疗诊所，这让 8000 多名印第安原住民受益；每逢节假日，项目公司会给油田周边社区学校的孩子们赠送文具。同时，出于保护亚马孙雨林环境的考虑，多年来，项目公司还累计投资 3 亿多美元在油田建造污水处理和发电厂等配套工程。